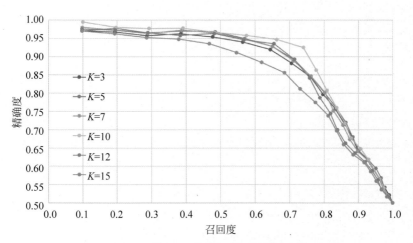

图 3.3　不同主题数量 K 设置下 TOF 模型的表现效果

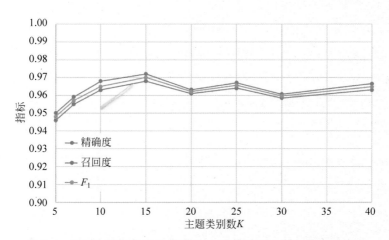

图 3.4　不同主题数量 K 设置下 TextCNN＋BLDA 模型的表现效果

清华大学优秀博士学位论文丛书

基于电商用户评论的
线上商品及服务质量评价
与监测

梁巧（Liang Qiao）著

Evaluating and Monitoring the Quality
of Online Products and Services via
User-Generated Reviews

清華大学出版社
北 京

内 容 简 介

随着电子商务的兴起及相关数据采集、存储技术的发展,大量来自用户的在线评论数据得到保存和分析,为不同领域的应用提供了数据基础。该类评论数据具有数量庞大、信息涵盖面广的特点,能够为顾客和商家提供较为全面的线上产品及服务质量参考。围绕基于电商用户评论数据的在线产品服务过程质量评价和质量监测这一核心目的,本书从前期的数据处理和异常检测,到中期基于概率统计模型的信息量化和特征提取工作,再到后期应用环节的在线监视,提出了一整套方法、技术和操作流程,是对在线用户评论数据的一次完整探索和应用。

本书属于质量管理与数据挖掘的交叉领域,适合对基于用户评论的产品质量管理理论与实践感兴趣的研究者和从业者阅读参考。

图书在版编目(CIP)数据

基于电商用户评论的线上商品及服务质量评价与监测 /
梁巧著. -- 北京 : 清华大学出版社,2024. 8. -- (清
华大学优秀博士学位论文丛书). -- ISBN 978-7-302
-66979-1

Ⅰ. F713.36
中国国家版本馆 CIP 数据核字第 2024Z8E845 号

责任编辑:李双双
封面设计:傅瑞学
责任校对:薄军霞
责任印制:丛怀宇

出版发行:清华大学出版社
　　　　网　　　址:https://www.tup.com.cn,https://www.wqxuetang.com
　　　　地　　　址:北京清华大学学研大厦 A 座　　　　邮　　编:100084
　　　　社 总 机:010-83470000　　　　　　　　　　邮　　购:010-62786544
　　　　投稿与读者服务:010-62776969,c-service@tup.tsinghua.edu.cn
　　　　质量反馈:010-62772015,zhiliang@tup.tsinghua.edu.cn
印 装 者:三河市东方印刷有限公司
经　　销:全国新华书店
开　　本:155mm×235mm　　印　张:8　　插　页:1　　字　　数:137 千字
版　　次:2024 年 8 月第 1 版　　　　　　　　印　　次:2024 年 8 月第 1 次印刷
定　　价:69.00 元

产品编号:097257-01

一流博士生教育
体现一流大学人才培养的高度（代丛书序）①

人才培养是大学的根本任务。只有培养出一流人才的高校，才能够成为世界一流大学。本科教育是培养一流人才最重要的基础，是一流大学的底色，体现了学校的传统和特色。博士生教育是学历教育的最高层次，体现出一所大学人才培养的高度，代表着一个国家的人才培养水平。清华大学正在全面推进综合改革，深化教育教学改革，探索建立完善的博士生选拔培养机制，不断提升博士生培养质量。

学术精神的培养是博士生教育的根本

学术精神是大学精神的重要组成部分，是学者与学术群体在学术活动中坚守的价值准则。大学对学术精神的追求，反映了一所大学对学术的重视、对真理的热爱和对功利性目标的摒弃。博士生教育要培养有志于追求学术的人，其根本在于学术精神的培养。

无论古今中外，博士这一称号都和学问、学术紧密联系在一起，和知识探索密切相关。我国的博士一词起源于 2000 多年前的战国时期，是一种学官名。博士任职者负责保管文献档案、编撰著述，须知识渊博并负有传授学问的职责。东汉学者应劭在《汉官仪》中写道："博者，通博古今；士者，辩于然否。"后来，人们逐渐把精通某种职业的专门人才称为博士。博士作为一种学位，最早产生于 12 世纪，最初它是加入教师行会的一种资格证书。19 世纪初，德国柏林大学成立，其哲学院取代了以往神学院在大学中的地位，在大学发展的历史上首次产生了由哲学院授予的哲学博士学位，并赋予了哲学博士深层次的教育内涵，即推崇学术自由、创造新知识。哲学博士的设立标志着现代博士生教育的开端，博士则被定义为独立从事学术研究、具备创造新知识能力的人，是学术精神的传承者和光大者。

① 本文首发于《光明日报》，2017 年 12 月 5 日。

博士生学习期间是培养学术精神最重要的阶段。博士生需要接受严谨的学术训练,开展深入的学术研究,并通过发表学术论文、参与学术活动及博士论文答辩等环节,证明自身的学术能力。更重要的是,博士生要培养学术志趣,把对学术的热爱融入生命之中,把捍卫真理作为毕生的追求。博士生更要学会如何面对干扰和诱惑,远离功利,保持安静、从容的心态。学术精神,特别是其中所蕴含的科学理性精神、学术奉献精神,不仅对博士生未来的学术事业至关重要,对博士生一生的发展都大有裨益。

独创性和批判性思维是博士生最重要的素质

博士生需要具备很多素质,包括逻辑推理、言语表达、沟通协作等,但是最重要的素质是独创性和批判性思维。

学术重视传承,但更看重突破和创新。博士生作为学术事业的后备力量,要立志于追求独创性。独创意味着独立和创造,没有独立精神,往往很难产生创造性的成果。1929 年 6 月 3 日,在清华大学国学院导师王国维逝世二周年之际,国学院师生为纪念这位杰出的学者,募款修造"海宁王静安先生纪念碑",同为国学院导师的陈寅恪先生撰写了碑铭,其中写道:"先生之著述,或有时而不章;先生之学说,或有时而可商;惟此独立之精神,自由之思想,历千万祀,与天壤而同久,共三光而永光。"这是对于一位学者的极高评价。中国著名的史学家、文学家司马迁所讲的"究天人之际,通古今之变,成一家之言"也是强调要在古今贯通中形成自己独立的见解,并努力达到新的高度。博士生应该以"独立之精神、自由之思想"来要求自己,不断创造新的学术成果。

诺贝尔物理学奖获得者杨振宁先生曾在 20 世纪 80 年代初对到访纽约州立大学石溪分校的 90 多名中国学生、学者提出:"独创性是科学工作者最重要的素质。"杨先生主张做研究的人一定要有独创的精神、独到的见解和独立研究的能力。在科技如此发达的今天,学术上的独创性变得越来越难,也愈加珍贵和重要。博士生要树立敢为天下先的志向,在独创性上下功夫,勇于挑战最前沿的科学问题。

批判性思维是一种遵循逻辑规则、不断质疑和反省的思维方式,具有批判性思维的人勇于挑战自己,敢于挑战权威。批判性思维的缺乏往往被认为是中国学生特有的弱项,也是我们在博士生培养方面存在的一个普遍问题。2001 年,美国卡内基基金会开展了一项"卡内基博士生教育创新计划",针对博士生教育进行调研,并发布了研究报告。该报告指出:在美国和欧洲,培养学生保持批判而质疑的眼光看待自己、同行和导师的观点同样非常不容易,批判性思维的培养必须成为博士生培养项目的组成部分。

对于博士生而言,批判性思维的养成要从如何面对权威开始。为了鼓励学生质疑学术权威、挑战现有学术范式,培养学生的挑战精神和创新能力,清华大学在 2013 年发起"巅峰对话",由学生自主邀请各学科领域具有国际影响力的学术大师与清华学生同台对话。该活动迄今已经举办了 21 期,先后邀请 17 位诺贝尔奖、3 位图灵奖、1 位菲尔兹奖获得者参与对话。诺贝尔化学奖得主巴里·夏普莱斯(Barry Sharpless)在 2013 年 11 月来清华参加"巅峰对话"时,对于清华学生的质疑精神印象深刻。他在接受媒体采访时谈道:"清华的学生无所畏惧,请原谅我的措辞,但他们真的很有胆量。"这是我听到的对清华学生的最高评价,博士生就应该具备这样的勇气和能力。培养批判性思维更难的一层是要有勇气不断否定自己,有一种不断超越自己的精神。爱因斯坦说:"在真理的认识方面,任何以权威自居的人,必将在上帝的嬉笑中垮台。"这句名言应该成为每一位从事学术研究的博士生的箴言。

提高博士生培养质量有赖于构建全方位的博士生教育体系

一流的博士生教育要有一流的教育理念,需要构建全方位的教育体系,把教育理念落实到博士生培养的各个环节中。

在博士生选拔方面,不能简单按考分录取,而是要侧重评价学术志趣和创新潜力。知识结构固然重要,但学术志趣和创新潜力更关键,考分不能完全反映学生的学术潜质。清华大学在经过多年试点探索的基础上,于 2016 年开始全面实行博士生招生"申请-审核"制,从原来的按照考试分数招收博士生,转变为按科研创新能力、专业学术潜质招收,并给予院系、学科、导师更大的自主权。《清华大学"申请-审核"制实施办法》明晰了导师和院系在考核、遴选和推荐上的权力和职责,同时确定了规范的流程及监管要求。

在博士生指导教师资格确认方面,不能论资排辈,要更看重教师的学术活力及研究工作的前沿性。博士生教育质量的提升关键在于教师,要让更多、更优秀的教师参与到博士生教育中来。清华大学从 2009 年开始探索将博士生导师评定权下放到各学位评定分委员会,允许评聘一部分优秀副教授担任博士生导师。近年来,学校在推进教师人事制度改革过程中,明确教研系列助理教授可以独立指导博士生,让富有创造活力的青年教师指导优秀的青年学生,师生相互促进、共同成长。

在促进博士生交流方面,要努力突破学科领域的界限,注重搭建跨学科的平台。跨学科交流是激发博士生学术创造力的重要途径,博士生要努力提升在交叉学科领域开展科研工作的能力。清华大学于 2014 年创办了"微沙龙"平台,同学们可以通过微信平台随时发布学术话题,寻觅学术伙伴。3 年来,博士生参与和发起"微沙龙"12000 多场,参与博士生达 38000 多人次。"微沙龙"促进了不同学科学生之间的思想碰撞,激发了同学们的学术志趣。清华于 2002 年创办了博士生论坛,论坛由同学自己组织,师生共同参与。博士生论坛持续举办了 500 期,开展了 18000 多场学术报告,切实起到了师生互动、教学相长、学科交融、促进交流的作用。学校积极资助博士生到世界一流大学开展交流与合作研究,超过 60% 的博士生有海外访学经历。清华于 2011 年设立了发展中国家博士生项目,鼓励学生到发展中国家亲身体验和调研,在全球化背景下研究发展中国家的各类问题。

在博士学位评定方面,权力要进一步下放,学术判断应该由各领域的学者来负责。院系二级学术单位应该在评定博士论文水平上拥有更多的权力,也应担负更多的责任。清华大学从 2015 年开始把学位论文的评审职责授权给各学位评定分委员会,学位论文质量和学位评审过程主要由各学位分委员会进行把关,校学位委员会负责学位管理整体工作,负责制度建设和争议事项处理。

全面提高人才培养能力是建设世界一流大学的核心。博士生培养质量的提升是大学办学质量提升的重要标志。我们要高度重视、充分发挥博士生教育的战略性、引领性作用,面向世界、勇于进取,树立自信、保持特色,不断推动一流大学的人才培养迈向新的高度。

清华大学校长

2017 年 12 月

丛书序二

以学术型人才培养为主的博士生教育，肩负着培养具有国际竞争力的高层次学术创新人才的重任，是国家发展战略的重要组成部分，是清华大学人才培养的重中之重。

作为首批设立研究生院的高校，清华大学自 20 世纪 80 年代初开始，立足国家和社会需要，结合校内实际情况，不断推动博士生教育改革。为了提供适宜博士生成长的学术环境，我校一方面不断地营造浓厚的学术氛围，另一方面大力推动培养模式创新探索。我校从多年前就已开始运行一系列博士生培养专项基金和特色项目，激励博士生潜心学术、锐意创新，拓宽博士生的国际视野，倡导跨学科研究与交流，不断提升博士生培养质量。

博士生是最具创造力的学术研究新生力量，思维活跃，求真求实。他们在导师的指导下进入本领域研究前沿，汲取本领域最新的研究成果，拓宽人类的认知边界，不断取得创新性成果。这套优秀博士学位论文丛书，不仅是我校博士生研究工作前沿成果的体现，也是我校博士生学术精神传承和光大的体现。

这套丛书的每一篇论文均来自学校新近每年评选的校级优秀博士学位论文。为了鼓励创新，激励优秀的博士生脱颖而出，同时激励导师悉心指导，我校评选校级优秀博士学位论文已有 20 多年。评选出的优秀博士学位论文代表了我校各学科最优秀的博士学位论文的水平。为了传播优秀的博士学位论文成果，更好地推动学术交流与学科建设，促进博士生未来发展和成长，清华大学研究生院与清华大学出版社合作出版这些优秀的博士学位论文。

感谢清华大学出版社，悉心地为每位作者提供专业、细致的写作和出版指导，使这些博士论文以专著方式呈现在读者面前，促进了这些最新的优秀研究成果的快速广泛传播。相信本套丛书的出版可以为国内外各相关领域或交叉领域的在读研究生和科研人员提供有益的参考，为相关学科领域的发展和优秀科研成果的转化起到积极的推动作用。

感谢丛书作者的导师们。这些优秀的博士学位论文,从选题、研究到成文,离不开导师的精心指导。我校优秀的师生导学传统,成就了一项项优秀的研究成果,成就了一大批青年学者,也成就了清华的学术研究。感谢导师们为每篇论文精心撰写序言,帮助读者更好地理解论文。

感谢丛书的作者们。他们优秀的学术成果,连同鲜活的思想、创新的精神、严谨的学风,都为致力于学术研究的后来者树立了榜样。他们本着精益求精的精神,对论文进行了细致的修改完善,使之在具备科学性、前沿性的同时,更具系统性和可读性。

这套丛书涵盖清华众多学科,从论文的选题能够感受到作者们积极参与国家重大战略、社会发展问题、新兴产业创新等的研究热情,能够感受到作者们的国际视野和人文情怀。相信这些年轻作者们勇于承担学术创新重任的社会责任感能够感染和带动越来越多的博士生,将论文书写在祖国的大地上。

祝愿丛书的作者们、读者们和所有从事学术研究的同行们在未来的道路上坚持梦想,百折不挠!在服务国家、奉献社会和造福人类的事业中不断创新,做新时代的引领者。

相信每一位读者在阅读这一本本学术著作的时候,在汲取学术创新成果、享受学术之美的同时,能够将其中所蕴含的科学理性精神和学术奉献精神传播和发扬出去。

清华大学研究生院院长

2018 年 1 月 5 日

摘　要

随着电子商务的兴起及相关数据采集、存储技术的发展,大量来自用户的在线评论数据得到保存和分析,为不同领域的应用提供了数据基础。该类评论数据具有数量庞大、信息涵盖面广的特点,能够为用户和商家提供较为全面的线上产品及服务质量参考。针对该类数据特点,建立一个通用的数据过滤、分析挖掘和在线监测的框架体系,对基于用户反馈的线上产品及服务的质量改进有着重要意义。

考虑到评论数据中常伴随大量无意义的噪声内容,如广告等与购买行为无关的内容,以及其他一些较为笼统、主观的评论,因此,为自动过滤评论中信息价值较低的内容,本书首先针对非评论和模糊评论两类典型的异常评论特点,从评论文本中提取出与之相关的语义特征,并基于该特征同时设计一个非监督学习的评论异常检测算法和一个监督学习的异常检测算法,能广泛适应不同应用条件下的评论异常检测任务,为后续应用提供高质量的数据基础。

经过异常内容过滤后的评论文本中含有丰富的产品主题及用户情感信息,联合反映了用户感知的线上产品及服务质量水平。针对在线评论文本在时间上的定量变化特点,本书在现有评论文本主题-情感特征表示学习方法的基础上,提出了一种适用于线上评论文本的顺序概率生成模型及对应的在线监测方法,在统计过程控制的框架下,利用用户直接反馈的评论文本数据实现线上产品服务过程中主题和情感的联合监测,能够为产品售后阶段的质量问题反馈和预警提供决策支持。

除评论文本外,多数网站的评论中还涉及用户评分,对用户评论中的文本和评分进行联合分析,更有助于评论内容的信息理解和特征抽取。针对评论中文本和评分两种类型数据之间的动态相关性,本书提出了一个通用的联合概率模型对两类数据进行建模,并设计了模型参数估计算法。该模型深入刻画了评论中评分和文本的生成机制,能够联合两类数据抽取得到有效的评论主题和情感特征,对评论数据集的解释性和预测能力较基准模型具有明显优势,而基于该联合概率模型所提出的在线监视方法也使监测效果得到了提升。

围绕基于电商用户评论数据的在线产品服务过程质量评价和质量监测这一核心目的,本书从前期的数据处理和异常检测,到中期基于概率统计模型的信息量化和特征提取工作,再到后期应用环节的在线监视,提出了一整套方法、技术和操作流程,是对在线用户评论数据的一次完整探索和应用。

关键词:在线评论;文本挖掘;主题模型;质量监测;统计过程控制

Abstract

With the booming e-commerce as well as the development of data collection and data storage techniques, there are increasing amounts of online user-generated reviews collected and analyzed for broad applications in a variety of fields. These review data, featured with huge volume and abundant information, can provide valuable evaluation of online products and services for both customers and online merchants. The quality improvement of online products as well as services will benefit from a general framework of analyzing and monitoring these user-generated content.

With consideration of the noise content in reviews, such as advertisements, unhelpful opinions, as well as highly subjective and ambiguous descriptions, this study first looks into the anomaly detection problems in review data. Semantic features are extracted from typical non-reviews and ambiguous reviews, based on which we propose both an unsu-pervised algorithm and a supervised algorithm for conducting the anomaly detection of review content under a broad range of conditions, providing a qualified data foundation for subsequent applications.

The review texts after filtering are full of topics and sentiments that jointly reflect the customer-perceived quality of online products as well as services. Based on the existing joint sentiment-topic representation of textual reviews, we propose a sequential proba-bilistic generative model to characterize the quantitative evolution among online review texts and a corresponding monitoring method for quickly detecting the shifts in review topics and sentiments jointly under the framework of statistical process control, provid-ing decision support for the quality control of the after-sales stage.

In addition, the textual reviews are coupled with the numerical ratings on most web-sites. In this study, we propose a probabilistic model to accommodate both review texts and ratings with consideration of their intrinsic connection for a joint sentiment-topic pre-diction. The proposed model can enhance the prediction accuracy of hold-out review data and achieve an effective detection of interpretable topics and sentiments. A monitoring method is constructed based on the proposed model, leading to improved performance in review monitoring.

In a summary, this book propose a set of techniques and procedures for the applications of online review data, which range from the data pre-processing and anomaly detection, to statistical modeling and quantification, and to online monitoring. This study provides an integrated framework for the applications of user-generated reviews to the quality evalu-ation and monitoring of online products and services.

Key Words: online reviews; text mining; topic models; quality monitoring; statistical process control

目　录

第1章 绪 论

随着电子商务的兴起及相关数据采集、存储技术的发展,大量直接来自用户的在线评论数据得到保存和分析,为不同领域的应用提供了数据基础。针对该类数据特点,建立一个通用的数据过滤、分析挖掘、在线监测的框架体系,对基于用户反馈的线上产品及服务的质量改进有着重要的意义。

1.1 研究背景与意义

用户在完成消费行为后留下的评价反馈对整个服务环节的优化改进意义重大,在一般实体购物的环节中,此类用户反馈信息比较难以获取,获取方式主要有电话回访、问卷调查等传统方式,且所收集的数据量及调查范围都较为有限。随着网络电商业务的蓬勃发展,越来越多的用户在网络上尝试进行消费,并在线上留下评论反馈,包括总体评分、文字评论、图片等,这类在线评论数据的数量庞大、信息涵盖面广,能够为后来的用户提供较为全面的产品及服务质量参考,也能帮助商家了解用户的需求及情感倾向,还有助于评估产品及服务的质量。例如,当产品的某个质量维度出现问题时,评论中也会反馈更多用户关于该方面的负面信息,商家通过对这些评论信息进行挖掘,可以锁定产品及服务的质量问题,并获取改进建议。在信息检索领域,人们通过利用在线用户评论中的反馈信息,实现了非常广泛的应用:从分析用户的产品选择行为和购买意图[1-2],到预测产品的销量及受欢迎程度[3-4],到自动挖掘发现产品缺陷[5-6],再到评估服务质量的各个维度[7-9],用户评论中蕴含的巨大价值在多个应用层面上得到了证明。

本书以大部分电商网站(如淘宝、京东、亚马逊等)上常见的用户评论数据为例,介绍这一类数据的特点。图 1.1 为京东商城上关于某品牌手机的评论页面截图,每条评论可看作多种异构类型数据的组合,这些评论包含了用户对产品的总体评分(通常为 1~5 星),此外,评论的大部分内容是用户针对产品各个质量维度所做出的文本描述。部分评论还带有用户上传的图

图 1.1　京东平台上某品牌手机的评论页面截取

片,对产品的状态进行了展示,考虑到图像数据的处理分析属于另一方向的研究范畴,本书只考虑用户评论中的文本和评分两个部分。对于每个产品,我们能够从这些评论中的文本和评分中,提炼出用户对该产品的总体好评度,以及用户所关注的产品的各个关键特性。评论中的评分直接反映了用户对产品的整体情感倾向,分值越高,情感越正向。而评论文本中则同时包含产品主题和用户情感两个维度的信息,其中,主题表示产品隐含的特征维度,以手机产品为例,描述的主题包括外观、音效、拍照等,评论文本通常较为短小,一般包含一到多个主题维度。评论文本中的用户情感是与主题维度密切相关的,用户可能对 A 主题持正向态度,而对 B 主题持负向态度。此外,评论文本和评论评分之间呈现出明显的相关性,当评分更高时,文本的情感也更加正向,反之亦然,而这种相关性又是动态的,不同用户对同一个产品会从不同的主题维度进行评价,同时,评论中的评分可能与部分或全部评价主题相关,因此,可能出现一个五星评论中依然带有负面描述的情况。

综上所述,在线用户评论中包含大量文本和评分内容,一方面,评论中的文本数据具有数量庞大、信息涵盖面广等优点,但和传统的结构化数据相比,对文本数据的应用通常需要建立在语义分析与信息量化的前提之上。由于客户和商家都不可能逐字逐句读完所有的评论,因此我们需要针对用户评论文本的特点,利用文本挖掘的方法从评论文本中自动抽取归纳出有用的产品特征及顾客意见信息[10]。另一方面,评论中的评分反映了用户的总体情感倾向,引入评分能够帮助用户的意见信息得到更好的抽取。在对评论数据进行挖掘的过程中,考虑到评分是评论文本以外的评论元数据(metadata)中最重要的一部分,我们应从评论文本内容与它对应元数据的信息融合[11]的角度出发,对用户评论中的文本内容和评分内容进行联合建模分析。目前,已有的基于用户评论中文本和评分两种类型异构数据的联合建模方法,很少考虑评分和文本之间的动态相关性,缺乏对用户评论生成机制的深入理解和刻画,在评论主题及情感相关特征的提取和预测上仍有提升空间。

此外,在生产制造过程中,本书对产品的制造过程数据进行了分析,能够根据反馈信息及时发现系统性因素出现的征兆,并采取措施消除其影响,以达到控制产品质量的目的。同样,我们也可以将这样的监测手段应用到产品的线上服务过程中,利用用户反馈的评论数据提取信息,发现产品及服务过程中的系统性影响因素,对顾客感知到的产品和服务质量进行评价与监测。目前此类研究尚待补充。如何针对评论中的主题及情感特征开发出高效且有针对性的监测方法,是本研究的一个重要部分。

然而,在利用该类用户评论数据对线上产品及服务过程进行质量评价和质量监测之前,我们应注意到,这些直接来自用户反馈的在线评论数据往往伴随大量无意义的噪声内容[12],如广告等与购买行为无关的内容,以及其他一些较为笼统、主观的评论,这是因为,大部分网站并未限制评论用户的身份及评论内容的方向,存在网络水军在评论中灌水的现象,同时,部分用户为完成网站的打卡任务或为获取商家的奖励红包,会留下较为敷衍的评论内容,这些内容未能真实反映用户的实际使用体验,无法为产品和服务的质量评估及后续监测提供有效的信息,从而成为评论数据挖掘中难以避免的噪声。针对此类现象,我们迫切需要开发出有效的异常检测算法,以实现对评论中各种噪声评论的自动识别过滤,从而保证评论数据的有效性。

考虑到现有文献中针对评论的异常检测方法更多是针对网络水军的识别，并基于用户的行为特征、评论系统的结构特征进行检测，而真实爬取的评论数据中往往隐匿了用户信息，导致用户行为特征和结构特征难以直接得到应用。因此，针对本研究所涉及的异常评论的概念，设计一个仅依赖评论内容特征的异常检测算法，筛除部分信息价值较低的评论，保证后续评论建模分析及在线监视的有效性和效率，将是本书的一个研究重点。

总体上，用户评论数据的价值已经在多个领域的应用中得到证明，基于上述评论数据的特点和现有应用中的缺陷，笔者认为，对此类用户评论数据进行异常检测、统计建模和在线监测仍有较大的研究空间与研究价值，本书将提出对应的研究方法，弥补此类应用中的缺陷和空白。

1.2　研究内容和研究框架

本书聚焦于电商平台上常见的用户评论数据，主要从评论的异常检测、评论文本的建模与监测、评论文本及评论评分的联合建模与监测三个方面开展研究。图 1.2 中展示了本书的研究框架。

线上产品的服务过程中伴随着大量用户直接反馈的评论数据，考虑到这类评论数据中的内容良莠不齐，在对它们进行进一步的分析与挖掘之前，首先要筛除信息价值较低的异常评论，确保所用的评论数据是可靠的、有效的。第 3 章首先引入了异常评论的定义及检测方向，通过建立一个分层主题模型对评论文本中不同层级的主题特征进行提取，并根据所提取的特征，同时提出一个基于非监督学习的异常评论检测模型和一个基于监督学习的异常评论检测模型，实现对评论中异常内容的快速识别与过滤，从而为后续评论建模分析及监测提供高质量的数据基础。

考虑到评论文本是典型的非结构化数据，并且主要由一系列离散的词语构成，因此对此类数据进行分析利用通常需要建立在语义分析与信息量化的前提下。第 4 章针对非结构化的评论文本数据，利用线下建模对数据背后隐藏的主题和情感特征进行抽取，实现对评论文本的向量化表示学习，并在线上监测阶段设计一个顺序概率生成模型及对应的评论文本监测方法对线上的产品服务过程进行实时监测，目的是及时发现产品服务过程中系统性因素影响的变化，并根据诊断溯源找到所引发变化的种类及来源，从而对服务过程进行反馈改进。

除评论文本外，评论数据中往往还存在大量用户评分，对用户评论中的

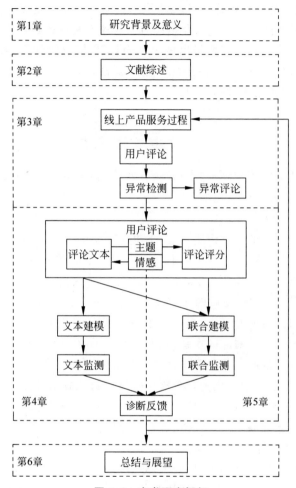

图 1.2 本书研究框架

文本内容和评分内容进行联合分析，更有助于用户理解评论中的信息。第5章主要以评论中的文本和评分为研究对象，考虑文本与评分两种异构类型数据之间的动态相关性，提出联合文本与评分的主题-情感建模方法，对评论整体的生成机制进行刻画，基于两类数据的联合建模结果抽取出用户评论中的主题及情感相关特征，并基于抽取出的特征设计合适的监测方法，对线上产品服务过程的状态进行在线监测和异常诊断。

总体上，本书的内容结构及各章安排如下：第2章主要对与本研究相关的方法及技术进行文献调研和综述；第3章介绍针对用户评论的异常检测方法,实现对异常评论内容的自动识别过滤;第 4 章基于对非结构化评论文本的主题-情感表示学习,介绍针对在线评论文本的顺序概率生成模型及对应的监测方法;第 5 章提出一个联合主题-情感统计模型实现对评论中文本和评分的数据融合,并介绍对应的监测方法;第 6 章对全书内容进行总结,并对未来工作进行展望。

1.3　本书主要贡献

本书主要针对用户评论数据开展异常检测、模型分析、在线监测等一系列工作,主要贡献及创新点如下。

（1）理论贡献点

针对用户评论的异常识别过滤,本书引入新的评论文本分层主题特征,并根据该特征同时提出了一个非监督学习框架下的异常检测算法和一个监督学习框架下的异常检测算法,能广泛适应不同情境和应用条件下的评论异常检测问题;针对过滤后的评论文本内容,本书在现有的评论文本主题-情感表示学习方法的基础上,提出一个针对线上评论文本定量变化特点的顺序概率生成模型及对应的在线监测方法,实现了对线上服务过程状态的有效监视和异常诊断;考虑到评论中文本和评分两种类型数据之间的动态相关性,本书提出一个通用的联合概率模型对两类数据进行主题-情感的信息融合,并设计了对应的参数估计方法,该模型对评论数据集的解释和预测较之前取得了更好的效果,同时也提升了对应监测方法的效果。

（2）应用创新性

尽管用户评论数据的价值已经体现在多个领域的实际应用中,从统计过程控制的角度对用户评论所反映的顾客感知的产品及服务质量进行评估和监测,依然是一个新兴的应用方向,存在着大量的研究空白亟待填补。在传统生产制造过程中,本书对产品的制造过程数据进行分析,根据反馈信息及时发现系统性因素出现的征兆,并采取措施消除其影响,以达到生产过程质量控制的目的。本书将质量监测的时间范畴扩展到产品制造完成之后的在线服务阶段,从产品全生命周期的角度进行产品后期服务过程的状态追踪和监测,以为产品售后阶段的质量问题预警和质量改进提供决策支持。

（3）研究完整性

本书的研究目标为基于电商用户评论的在线产品服务过程质量评价和监测,围绕这一核心目的,本书从前期的数据处理和异常检测,到中期基于概率统计模型的信息量化和特征提取工作,再到后期应用环节的在线监测,提出了一整套方法、技术和操作流程,是对用户评论数据的一次完整应用。表 1.1 对研究各阶段的工作内容及各阶段工作的内在联系进行了汇总展示。

表 1.1 研究各阶段工作汇总

工作类型	评论异常检测	评论建模分析	评论在线监测
实施阶段	前期	中期	后期
研究对象	评论文本	评论文本/评论文本＋评论评分	评论文本/评论文本＋评论评分
特征维度	语义特征(如主题、词嵌入)	主题、情感	主题、情感、时间
主要目的	自动过滤信息价值较低的评论,保证评论内容质量	从非结构化评论数据中提取特征,实现评论的表示学习	及时发现服务过程中的状态变化,并根据诊断追溯原因
工作总结	针对典型的异常评论引入新的评论文本分层主题特征,从监督学习和非监督学习角度各自设计评论异常检测方法,提高检测准确率	考虑文本和评分之间的动态相关性,提出一个新的联合概率生成模型,提高评论中主题-情感特征提取的准确度和对评论的预测效果	考虑评论在时间上的定量变化进行动态的主题-情感建模,并在统计过程控制框架下设计一个新的用户评论主题和情感联合监测及诊断方法

第 2 章　文 献 综 述

近年来,对用户评论数据进行分析挖掘,已成为机器学习、信息检索、数据挖掘等领域的热门话题,吸引了来自工业界与学术界的研究者的广泛兴趣,涌现出各种新兴的研究方向和技术方法。根据第 1 章中所述的研究思路,针对本研究所涉及的在线评论数据的异常检测、建模分析方法,以及基于评论数据的在线产品及服务的质量监测等相关的方法和技术,本章将从以下几个部分进行文献调研和综述:2.1 节首先对在线评论数据的异常检测方法进行调研和汇总;2.2 节主要介绍针对评论数据中非结构化文本的表示学习方法;2.3 节进一步介绍已有文献中同时对评论中文本和评分两种类型数据进行联合建模的信息融合方法;2.4 节介绍考虑时间因素的评论数据动态建模方法,以及统计过程控制的监视方法与此方法在用户评论数据上的相关应用。

2.1　用户评论的异常检测

随着电子商务的兴起,越来越多的用户选择在网络平台购买商品或服务,并在公开平台留下评论。然而,由于缺乏直接的评论监管和审核机制,这些用户直接反馈的评论数据中的内容信息往往良莠不齐,例如,在常见的针对商品及服务的评论中常会掺杂一些广告类的垃圾信息,商家为了提高销量会雇用网络水军或刷单者给出不实评论,一些用户为了完成网站的打卡任务或得到商家的奖励红包会留下敷衍的评论。这些异常评论的存在大大降低了评论内容的应有价值,因此,在对评论内容进行进一步的分析挖掘之前,往往需要设计异常检测算法对这些低质量的评论内容进行过滤。

对用户评论的异常检测(或垃圾评论的识别),可看作一个典型的异常检测问题。Jindal 等[13]以电商网站亚马逊中的用户评论为例,将异常评论分为三类:第一类为虚假评论,包括夸大或贬低某种商品的评论,该种评论往往来自商家为了提高销量或者贬低对手而雇用水军注水发帖;第二类为模糊评论,该类评论的内容一般较为概括、笼统,如只涉及商品的品牌和电商平台,并没有提供与商品的使用相关的有价值的信息;第三类为非评论,该类评论的内容与一般商品评论的内容相去甚远,如包含一些广告及其他不相关的内容。对用户评论的异常检测,通常会用到三种类型的特征[14]:第一类是评论内容的语义特征(semantic feature),如评论的用词、人称、情感倾向等[15-17];第二类是评论者的行为特征(behavioral feature),如用户的评论时间点、评论频次、评分偏差等[18-20];第三类是评论系统的结构特征(structural feature),该类特征常见于基于图模型的异常检测方法[21-23],将用户、商品评论与商家之间的作用关系通过图(graph)的形式进行构建,异常评论的出现不再是一个孤立的节点变化,而是体现为图的结构特征的变化。对第二类和第三类的异常评论,即模糊评论和非评论的异常检测,通常可以通过评论内容的语义特征进行建模识别,而第一类的虚假评论很难直接通过评论内容得到判断,因此对该类异常评论的识别常常基于评论者的行为特征或评论系统的结构特征。

本研究对用户评论进行异常检测旨在过滤信息价值较低的评论,为后续的评论分析建模及监测提供高质量的评论数据。由于电商平台对用户隐私设置了保护机制,研究中比较难以直接获取评论者的身份信息并建立一个覆盖评论者、评论内容、商家的网络图形结构,对第一类虚假评论的识别很难在现有数据的基础上实施,因此本研究主要聚焦于对用户评论中第二、三类异常评论,即模糊评论和非评论的检测,并主要通过对评论文本内容信息的特征挖掘实现异常检测,本章接下来将对相关异常检测的方法进行汇总。

用户评论的异常检测是一个典型的二分类问题,在监督学习的方法框架下,当达标的训练样本较为充足时,大部分的文本分类模型都可以用于对用户评论进行异常检测。早期的工作[24-25]通过手动提取文本评论内容中的语义特征,并经过多种特征选择方法[26-27]进行筛选,利用逻辑回归(logistic regression)、朴素贝叶斯(naive Bayesian)、支持向量机(support vector machines,SVM)等通用的分类模型实现异常评论的分类识别。此外,随着深度学习方法的兴起和发展,越来越多的方法开始利用深度学习算法实现对评论语义特征的自动提取和分类。例如,Ren 等[28]尝试基于卷积神经网络(convolutional neural network,CNN)和循环神经网络(recurrent neural network,RNN)实现对评论内容的自动表示学习,并通过大量实验证实了 CNN 所提取的文本向量在后续异常评论的识别任务中能够取得更好的分类效果。Wang 等[29]利用引入注意力机制的神经网络,实现了对评论语义特征和用户行为特征的同时挖掘，进一步增强了对异常评论的识别效果及对异常来源的分类速度。

考虑到监督学习方法，尤其是利用深度学习模型进行训练的监督学习方法，对训练数据集的数据量有较高要求，且在 A 领域训练得到的分类器由于受到不同领域及应用场景下信息特征差异的限制，而很难直接迁移用于 B 领域的异常检测任务，因此相比较之下，基于非监督学习的方法对用户评论中的异常评论进行识别更易于实现和推广。现有的基于非监督学习的异常检测算法，都可迁移用于对异常评论进行识别与分类。例如，Sohrabi 等[30]提出通过对社交网络上的评论内容进行文本特征提取和特征选择，并基于聚类的方法将评论自动分为垃圾评论簇和非垃圾评论簇。Liu 等[31]提出采用基于距离的异常检测方法识别异常评论内容，利用单个评论与数据集整体的平均指标之间的偏差距离表征该评论的异常程度。而 You 等[32]把异常评论的识别转化为基于密度的异常检测问题，首先将评论量化为各维度下的情感评分，在量化结果的基础上通过局部异常因子（local outlier factor，LOF）算法[33]找到在量化投影空间中局部密度较小的异常评论。Kant 等[34]则提出了基于频繁序列挖掘的异常检测方法，为出现罕见序列模式的评论内容赋予了更高的异常指标。除一些基本的文本内容特征外，一部分文献还基于评论文本的概率生成过程等语言模型，提取出文本中与异常检测关联更深的异常相关特征，如 Xu 等[35]提出利用主题模型对评论文本的语言生成过程进行学习，而异常评论的生成过程会更加偏好生成通用的描述用词，利用该类异常的概率生成模式来判断评论为异常评论的风险指数。

总体上，大部分非监督学习的异常检测算法都是通过定义与异常相关的特征指标从而对评论的异常程度进行计算和排序的，且所应用的评论文本内容特征大多是较为粗浅的评论长度、词频、情感词统计等，缺乏对文本语义的深入挖掘及语义和不同异常模式之间的关联分析，因此在接下来的研究中，本书将通过对评论文本的语义挖掘和深层语义特征的提取，提出对非评论和模糊评论两种类型异常的通用检测方法。

2.2　评论文本的表示学习

目前大部分的数据分析模型针对的都是结构化的连续型或离散型数据，文本数据作为一种典型的非结构化数据，难以直接作为已有模型的标准输入,这给文本数据的分析和挖掘带来了挑战。如何对文本数据,特别是电商平台的用户评论文本进行信息量化和表示学习,将非结构化的文本转化为数字向量或矩阵等形式,并尽可能保留文本中含有的信息,是本研究首先要解决的问题。

2.2.1　文本的向量表示

文本的向量表示是将自然语言中的文本进行数学化表示的一种形式,已有的文献往往将词(word)作为文本的基本单位,研究词的向量化表示是文本向量化的基础。在自然语言处理领域,词语的向量化表示方法主要有两种,一种为词语的独热表示法(one-hot representation)[36],另一种是基于词语潜在语义信息的分布式表示方法(distributed representation)[37]。其中独热表示法将每个词语表示为一个 V 维的向量,其中 V 是语料库中词汇表的长度,向量的每一维对应词汇表中的每个词语,每个词只在自己对应的维度上取 1,其余维度取 0。独热表示法简单明了,但是占用的内存较大,且每个词的向量表示极度稀疏,词语之间的相似度信息也难以通过词向量体现出来。相比之下,基于词语潜在语义信息的分布式表示方法克服了这些缺点。例如,由 Mikolov 等[38]提出的 CBOW(continuous bag of words)和 Skip-Gram模型,通过利用句子中的词去预测上下文中的其他词,从而将每个词映射为一个连续的定长稠密向量,该向量表示方法使两个词语之间的关系可以通过对应的向量运算得以体现,是保留词语间上下文相似度信息的一种较好的词语向量表示形式。

多个词的组合称为文档(document),例如,在用户评论数据中,一条文本评论可看作一个文档。词袋(bag-of-words)模型是信息检索领域最常用的文档表示方法。词袋模型以单个词的独热表示法为基础,通过记录词汇表中的每一个词在文档中出现的频次来表示该文档,对于一个文档,词袋模型忽略了单词的顺序和语法、句法等要素,将单词仅看作若干个词汇的集合,文档中每个单词的出现都是独立的。在词袋模型的假设下,词语之间的独立性违背了文本中的语义表达规律,考虑到现实中的文档词语之间有极强的依赖组合关系,因此引入 N-Gram(N 元语法)[39]的概念,一个 N-Gram是句子中 N 个连续的词语构成的序列,可以捕捉到依赖间隔在 N 以内的词语关系,在此设定下,一个文档可以视为多个 N-Gram 的集合。除了对文本集合中词语、N-Gram 的出现频次进行直接统计外,TF-IDF(词频-逆文档频率法)对上述文档表示模型进行了修正,在基本词频统计的基础上对词或

N-Gram 出现的频次赋予 TF-IDF 权值,进而表示该词或 N-Gram 对于集合中某一特定文档的重要程度。

2.2.2　主题模型

在研究文档-词语构成的矩阵时,直接使用词袋模型等词频统计的方法难以刻画文档中不同词语之间的相关性,此时需要利用词语背后的“主题”属性,通过挖掘词背后的主题,来解释同一文档中不同词出现的规律,这一类模型称为“主题模型”[40-41]。

最早的主题模型主要用矩阵分解的方法来挖掘词背后的主题属性,例如,LSA(latent semantic analysis)模型[42]对文档-词语矩阵进行奇异值分解,通过矩阵分解的方式得到文档与词语之间隐含的链接关系,即主题,其中左奇异矩阵记录了文档与主题之间的相关性,而右奇异矩阵记录词与主题之间的相关性。后期的主题模型则主要用概率生成模型的原理,通过在文档和词语之间引入“主题”层,解释文档中每个词生成的概率,自动将多维离散的文本数据聚合为由多个主题代表的子组,属于统计机器学习领域中一类混合成员模型(mixed membership model)[43-45]的拓展。例如,PLSA(probabilistic latent semantic analysis)模型[46]定义了从文档中以一定概率抽取主题,并根据抽取得到的主题以一定概率抽取词语的文档生成过程。在 PLSA 的基础上,Blei 等[47]提出了 LDA(latent dirichlet allocation)模型,此模型引入了文档中主题概率分布的先验知识,用一个三层的贝叶斯结构表示文档的概率生成过程,与 PLSA 模型相比,LDA 中涉及的参数更少,表达方式也更为简单普遍。LDA 将每个主题属性 z 表征为在多个词语维度上的分布向量 $\boldsymbol{\varphi}_z$,将每个文档 d 表示为在多个主题维度上的分布向量 $\boldsymbol{\theta}_d$,并赋予文档 d 中每个观测词语对应的主题属性 z,而每个观测词 w 的出现概率由它背后的主题属性 z 决定。在 LDA 模型的假设下,每个文档 d 的概率生成过程如下。

- 抽取文档中词语的总数 $N \sim \text{Poisson}(\epsilon)$。
- 抽取文档层级的主题分布向量 $\boldsymbol{\theta}_d \sim \text{Dirichlet}(\boldsymbol{\alpha})$。
- 对文档 d 中的每个观测词语 w_i,$i=1,2,\cdots,N$,按照以下过程抽取:
  - 抽取词的主题属性 $z_i \sim \text{Multinomial}(\boldsymbol{\theta}_d)$。
  - 根据主题属性 z_i,从词汇表中抽取对应词语 $w_i \sim \text{Multinomial}(\boldsymbol{\varphi}_{z_i})$。

LDA 是文本主题模型中最广泛使用的模型,针对用户评论文本的特点,后续的许多主题模型在 LDA 的基础上进行了拓展。例如,由 Titov

等[48]提出的多粒度 LDA 模型(Multi-Grain LDA)同时从文本评论中抽取全域和局部两个层次的主题信息,其中全域主题信息包括产品的类别、基本情况等,而局部主题信息主要是用户关心的产品质量及服务维度。与之类似,Blei 等[49]从文本中挖掘出多个层级的主题信息,不同层级的主题由粗到细形成树状结构,且利用非参贝叶斯的方法自适应地决定主题数量。考虑到同一评论中往往包含多个句子,而一个句子表达一个完整的主题,因此Jo 等[50]提出了 Sentence-LDA 的概念,即假定评论中每个句子里的词语共享同一个主题属性,使用户评论中的主题信息能够被更准确地提取。此外,ADM-LDA[51]模型在 LDA 模型的基础上,基于 N-Gram 的语言假设,使同一文档中的词语的主题属性形成一条马尔可夫链,打破了 LDA 模型中同一个文档内的词语之间条件独立的假设,更符合真实文档中词语之间的依赖关系。

2.2.3　主题-情感联合模型

在评论文本数据的挖掘中,除了主题的抽取外,对用户情感进行分析也是一个重要的方面,该类工作旨在从非结构化的评论文本中抽取出全局或局部的用户情感倾向[52-54]。用户的情感直接反映了用户对产品及其服务的满意程度,对于在线服务的商家及其他用户都有非常重要的参考价值。而现实评论中的情感往往是与主题(或商品的质量维度)相关的,例如,用户可能对产品的主题 A 持正向情感,却对主题 B 持负向情感,因此,在分析评论文本的情感时,需要同时联系背后的主题。

已有文献对评论文本数据的主题和情感的联合挖掘主要分为两个类别。第一类是主题-情感的两阶段分析方法[55-57],这一类方法主要分为两个阶段,先根据文本挖掘的方法抽取出文本评论中的主题,再针对每个主题对应的语料,利用情感分析模型预测该主题下的情感倾向。第二类方法则直接对文本中的主题和情感进行同时建模。例如,由 Titov 等[58]提出的MAS(multi-aspect sentiment)模型利用用户的评论文本及评论附带的各主题维度下的评分(aspect ratings),能够同时抽取出评论背后的主题及各主题下的用户情感。MAS 模型的效果虽好,但在现实中,各维度下的用户评分往往难以获取,因此,Mei 等[59]提出了 TSM(topic sentiment mixture)模型,主要利用评论文本本身的信息来同时推断用户评论中的主题和情感。TSM 在已有的主题模型 PLSA[46]的基础上进行扩展,将正向、中性、负向情感视为三个特殊的子主题,子主题从一般的主题下抽取出来,从而建立起主题和情感之间的相关关系,然而,受 PLSA 模型本身的限制,TSM 模型的泛化能力不强,容易过拟合。由 Lin 等[60] 提出的 JST(joint sentiment-topic)模型则在 LDA 模型设定的"文档-主题-词语"三层结构的基础上增加了情感层,且令情感层影响主题层的生成,并假定文档中每个观测到的词语都受其背后的情感和主题属性的影响,使得互相关联的情感和主题属性能够同时从文本的生成规律中抽取出来。此外,Lin 等[61] 还提出了 Reverse-JST 模型,该模型和 JST 模型的差别主要在于文档的概率生成过程中,主题和情感的抽取次序相反,并引入了一些通用的正向及负向情感词典作为先验知识,使得模型的情感分析具有弱监督性。JST 和 Reverse-JST 模型为评论文本中互相关联的主题和情感的联合挖掘提供了通用框架,后来的许多工作[62-64] 沿用这种主题和情感之间的相关性假设及联合生成过程,可视为上述两种模型的变种。

2.3　评论文本与评论评分的信息融合

除评论文本外,大部分网站的用户评论中常常还带有用户的评分,最常见的如 1~5 分的总体评分(overall rating),此外还有针对某个特定方面的评分(aspect rating),由于各网站所涉及的产品维度不同,针对特定维度的评分不一,因此本书中考虑的评论评分主要指评论中的总体评分。评分反映了用户的总体情感倾向,引入评分能够使用户的意见信息得到更好的抽取。与评论文本相比,评分更容易从用户方面获取,甚至现实中有大量评论只有评分,而缺少文本评论信息,此外,评论文本往往伴随大量无意义的噪声内容,相较于评分呈现出更低的"信噪比"[12],因此,对用户评论中的文本和评分进行联合建模分析,更有助于理解评论内容中的信息。

在已有文献中,对评论文本和评论评分进行联合建模的方法主要分为两类,第一类方法主要利用各维度下的评分(aspect rating)作为媒介将客户的总体评分和评论文本联合起来[65-68]。例如,Wang 等[65] 提出了 LRR(latent rating regression)模型,根据给定的一定数量的主题词,采用自助法(bootstrapping)从评论中抽取出各个主题,并利用回归模型将总体评分表示为各主题下评分的加权求和。考虑到先验的主题词在实际中难以获取,Wang 等[66] 在随后的研究中进一步提出了 LARA(latent aspect rating analysis)模型,主要用主题模型的思想对评论中的主题进行自动提取,无须提供先验的主题词。然而,以上这些模型难以抓住评分和文本之间固有的相关性,例如,当一条评论的评分越高时,其文本中也越有可能会出现带正向情感的词语。因此,用 Li 等[69] 提出的 AIR(aspect identification and rating)模型对评论文本的生成过程进行假设,并将评分作为评论文本的先验,使评分较高的评论有更高的概率抽取到带正向情感的词语,从而抓取到评分与文本之间的相关性。

　　第二类方法则主要通过对用户的评分矩阵进行分解来建立模型,此类模型尤其在推荐系统领域得到了广泛应用。矩阵分解常用于预测用户对商品的评分[70-71],例如,将不同用户对不同商品的评分矩阵分解为用户的特征矩阵与商品的特征矩阵相乘,从而发现潜在的特征变量对用户评分的影响。然而,一方面,仅依赖矩阵分解得到的隐含特征可解释性不强,也难以和实际的商品维度相联系。另一方面,利用主题模型对用户评论文本进行挖掘,发现隐含的主题信息,能够对我们理解评论背后的各个维度提供帮助。因此,一个自然的想法是通过结合评分矩阵的分解及评论文本的主题挖掘,实现对评论文本和评论评分的联合建模,该建模方法可以自然地解释评分背后各个维度的实际含义。例如,Wang 等[72] 提出的 CTR(collaborative topic regression)模型及 McAuley 等[73] 提出的 HFT(hidden factors as topics)模型都是通过将评分矩阵分解得到的商品特征和文本主题建模得到的商品主题分布对应起来,实现对评论文本和评论评分的联合建模与预测。此外,Ling 等[74] 提出的 RMR(ratings meet reviews)模型用同一个概率生成过程将评分模型和文本主题模型无缝结合起来,避免了如 HFT 模型中那样人为地定义评分维度和文本主题之间的对应关系。Xiao 等[75] 则结合主题模型和评分矩阵来预测评论中由主题词和情感词构成的短语。

　　总体上,评论文本和评论评分之间呈现出明显的相关性,当评分更高时,评论文本的情感也更加正向,反之亦然,而这种相关性又是动态的,不同顾客对同一个产品会从不同的维度进行评价,同时评论中的评分可能与部分或全部评价维度相关,因此,可能会出现五星评论中依然带有负面描述的情况。上述文献中,利用各维度评分挖掘的方法重点在于预测评论在多个维度下的情感倾向,缺乏对评论评分和评论文本之间这类动态相关性的挖掘;基于用户评分矩阵分解的方法依赖大量来自同一个用户的评分内容,而由于真实爬取的评论数据中的用户信息往往较难获取,因此此类方法的应用也受到限制。因而,在接下来的研究中,本书将致力于提出一个更加通用的基于评论文本和评论评分之间动态相关性建模的联合主题-情感分析模型。

2.4 用户评论的时间变化与统计过程控制

用户评论在时间上的改变反映了背后发生的由系统性因素影响的变化,例如,当产品的质量或服务的质量发生改变时,评论中所讨论的主题类别和呈现的情感倾向都会发生变化,并导致观测到的评论文本和评论评分出现异常。因此,在用户评论建模结果的基础上,本研究希望进一步对评论的内容进行监测,主要目的是在背后的产品及服务过程突变时,可以尽快通过搜集到的用户评论检测出这些异常。本节将首先介绍现实中的用户评论数据在时间上的变化特点,然后介绍已有文献中统计过程控制的方法和思路,及它在用户评论数据监测上的应用。

2.4.1 用户评论的变化

评论的主题和情感的变化在实际应用中主要分为两个类别,分别是定性的变化(qualitative evolution)和定量的变化(quantitative evolution)。其中,一方面,定性的变化主要针对的是主题及情感本身的定义[76-77],例如,主题模型中,一个主题由落在不同单词上的概率分布表示,而该分布会随着时间发生变化,这种变化反映了主题本身概念的变化。另一方面,定量的变化指的是评论中讨论某个主题或情感的概率的变化[78],该变化反映了用户的关注点及情感倾向的变化。本书主要讨论定量的变化,即通过检测用户讨论某个主题或情感的概率变化,从而发现用户感知的商品及服务过程中的质量偏移。

传统的主题-情感模型[60-61]往往忽略了评论文本之间的时间顺序,难以发现用户评论背后的主题和情感在时间轴上的变化。近年来,一些工作开始把时间因素考虑进模型中,主要分为基于马尔可夫链的方法和其他方法。基于马尔可夫链的方法[79-83]主要引入马尔可夫假设对文档的主题和情感变化进行建模,即 $t+1$ 或 $t+\Delta t$ 时刻的系统状态只依赖 t 时刻的状态。其他一些方法[78,84]则将时间戳当作一个特殊的变量,通过概率生成模型同时对主题、情感及时间变量进行建模,从而发现主题及情感与时间变量之间的相关性。

2.4.2 统计过程控制

统计过程控制(statistical process control,SPC)是一种利用统计方法

对连续过程进行监视和控制的常用工具,在工业和服务业等行业领域的质量管理中发挥了重要作用。统计过程控制中,系统过程的影响因素通常可分为随机性因素和系统性因素,前者是系统连续运行过程中不可避免的偶然影响因素,而后者往往是一些可追溯查明的特殊因素:当系统过程仅受到随机因素影响时,视为受控状态;而当系统过程受到系统性因素的影响时,视为失控状态。系统在仅受到随机因素影响的受控状态下往往呈现一定的统计分布规律,而随着系统性因素的出现影响过程状态后,该统计分布也会随之发生改变。因此,统计过程控制的主要思想就是利用统计分析方法对系统的概率分布进行检验判断,从而及时发现和控制过程中的系统性影响因素,让过程在受控的稳定状态下运行。

控制图是统计过程控制中最常用的工具,利用控制图实施统计过程控制的流程常常分为两个阶段[85],阶段一主要是对历史搜集的过程数据进行分析汇总,消除其背后的系统性影响因素,并设计控制图的上下界限;阶段二主要是利用设计好的控制图对连续的过程进行监测,当过程统计量超出控制图的界限时触发报警信号,并根据需求实施后续的诊断溯源、过程控制。控制图的种类繁多,因具体的应用场景和监视对象而异。最早的控制图是 20 世纪 20 年代由 Shewhart[86] 提出的,其主要思想是在时间轴上对一维数据的分布进行连续的假设检验从而监测过程的状态,此类控制图被称为休哈特控制图。常见的一系列休哈特控制图包括对分布的均值和极差同时进行监测的均值-极差($\bar{X}$-R)控制图、监测对象为不合格品率或合格品率等质量指标的 P 控制图、监测对象为单位样本中缺陷数量的 C 控制图等。为了提升控制图对较小偏移量的检验效果,Page[87] 和 Roberts[88] 分别提出了 CUSUM 控制图和 EWMA 控制图,前者在监测中对检测值与目标值之间的差值进行累积计算,后者在时间轴上对检验统计量计算指数加权的移动平均值,这两类方法使微小的偏移信号也能因时间的累积而在控制图中凸显,在监测指标的偏移量较小时能够比休哈特控制图更快检测到异常信号。

随着工业和服务产业的发展,以及信息化带来的数据搜集技术的完善,系统过程数据逐渐由一维变成多维,分别对每一维监测指标使用简单的一维控制图进行监测会带来效率低下、变量间相关性被忽略、误报警率上升等问题,因此监测单个独立指标的一维控制图已逐渐不能满足使用要求。在此基础上,已有文献中提出了一系列应用于多个相关监测变量的多维控制图,如 Hotteling[89] 提出的 T^2 控制图,通过多个连续型监测变量的联合 T^2

分布来刻画系统过程状态,并基于该分布提出联合监测统计量,将休哈特均值控制图由一维数据拓展到高维数据的应用场景。除典型的连续型多维变量监测外,还有针对分类型多维监测变量[90]、计数型多维变量[91]、多维轮廓数据[92]等不同类型监测数据的多维控制图。此外,为提升控制图在多维数据情况下对较小偏移量的检测效果,针对多维数据监测的多维 CUSUM控制图[93]和多维 EWMA 控制图[94]也在文献中被广泛使用。

上述文献中的统计过程控制方法主要应用于一些结构化数据的监测,如传统生产制造过程中的连续型、分类型数据等,而对于非结构化的用户评论数据,需要针对其复杂数据特点,在统计过程控制的框架下设计相应的监测方法。

2.4.3　用户评论监测

用户评论的监测可以看作对评论背后产品及服务过程的统计过程控制,其主要目的是在过程发生突发的系统性变化时,可以通过对用户评论的分析和监测尽快检测出来。

传统的统计过程控制方法更多应用于对生产制造过程中的连续型或分类型数据进行监测[95],而在非结构化的用户评论数据的监测上应用较少。在相关文献中,大部分方法往往通过监测评论文本中负向情感的比例来对非结构化的文本实施监测[96-98]。例如,Lo[96]最早利用支持向量机(SVM)的分类方法,将网站上的用户评论数据分为负评与非负评,并采用针对不合格品率监测的 P 控制图对网站评论中的负评率进行监测。与之类似,Zavala 等[98]首先对社交媒体上的用户评论进行情感分析,并将每条负向评论视为一个不一致的观测值,利用 P 控制图监测其出现概率,从而发现产品生产质量的扰动,帮助企业更快实施产品召回。然而,此类方法将评论中的负评归为一类,因此忽视了评论中各维度的主题信息,导致监测结果缺少可解释性和诊断溯源方向,对产品及服务质量的改进参考价值有限。为解决此问题,Ashton 等[99-100]首先利用 LSA 模型抽取出评论文本中的主题维度,然后对每个主题维度下的文本分别建立控制图。然而,该模型依然忽视了各主题维度下的用户情感信息及评论中主题和情感之间的相关性。考虑到在用户评论数据中,各主题维度及它对应的情感倾向共同反映了线上产品与服务过程的状态及顾客感知到的质量,在接下来的研究中,本书将同时针对用户评论中包含的主题和各主题下的情感提出联合监测的方法。

2.5　本 章 小 结

本章针对本书中的三部分研究内容,对现有文献中的相关概念和方法进行了汇总。一方面,对评论内容的异常检测是保证评论有效性的重要环节,针对评论数据的异常检测方法在现有文献中主要有监督学习类和非监督学习类两种,监督学习类方法的效果较好,但是对打标数据的要求较高,比较难以实现和推广;非监督类方法目前主要是利用一些与异常相关的特征指标从而对评论的异常程度进行计算和排序,所用评论文本内容特征大多是较为粗浅的评论长度、相似度、词频统计等,缺乏对评论文本的语义挖掘及深层语义特征的提取。

另一方面,对在线用户评论的分析挖掘需要建立在非结构化评论的信息量化和表示学习的基础之上,尤其是当进一步考虑将评论中的评分信息加入到用户评论分析的过程中时,首先要解决的就是评论文本和评论评分两种异构类型数据的信息融合。在研究评论中文本和评分联合建模的现有文献中,利用各维度评分挖掘的一类方法重点在于预测评论在多个维度的情感倾向,缺乏对评分和文本之间动态相关性的挖掘;而基于用户评分矩阵分解的一类方法则依赖大量来自同一个用户的评分内容,在实际应用中受到限制。因而,目前仍然缺少一个更加通用的基于评论文本和评论评分之间动态相关性建模的联合主题-情感统计模型。

此外,由于在线评论直接反映了用户感知的产品及服务质量,因此从统计过程控制的角度对评论进行在线监测,有助于发现产品服务过程中的系统性影响因素。目前类似的应用案例较少,且现有文献中的监测方法大多监视用户评论中关于某一情感或主题的比例,较为简单粗糙,且忽视了评论中主题和情感之间的相关性。本书认为,对在线评论背后产品服务过程受控和失控状态的刻画依赖评论中主题和情感两维度特征的联合抽取,目前仍缺少一个通用且解释性良好的有效监测方法对评论数据背后反映的用户关注主题及相关情感的变化进行联合监测。

根据以上调研汇总的结果,本书认为,当前对在线用户评论数据的异常检测、统计建模和在线监测仍有较大的研究空间和研究价值,本书接下来的几个章节将提出对应的研究方法,弥补现有文献研究和应用中的缺陷与空白。

第3章 针对评论有效性的异常检测

3.1 本章引言

对在线用户评论数据的研究和应用已经在多个领域中得到实践,消费者和商家都可以通过对该类型数据进行分析而得到有用的信息。对在线评论数据进行进一步的挖掘分析之前,我们首先需要确保所用的评论数据是可靠的、有效的。然而,由于缺乏直接的评论监管和审核机制,这些用户直接反馈的评论数据中的内容信息往往良莠不齐,例如,在常见的针对商品及服务的评论中常会掺杂一些广告类的垃圾信息,商家为了提高销量而雇用网络水军或刷单者留下的不实评论,以及一些用户为了完成网站的打卡任务或得到商家的奖励红包而留下的敷衍评论。这些异常评论的存在大大降低了评论内容的应有价值,因此,在对评论内容进行进一步的分析挖掘之前,往往需要设计异常检测的算法对这些低质量的异常评论内容进行过滤,以保证所使用评论的有效性。

进行在线评论数据的异常检测前,我们首先需要明确异常评论的定义,以及本研究中的重点检测对象。结合现有文献[13]中对电商平台异常评论的定义,以及从实际收集数据中观察到的结果,本章将用户评论中的异常评论分为三类:第一类为虚假评论,包括夸大或贬低某种商品的评论,该种评论往往来自商家为了提高销量或者贬低对手雇用水军注水发帖;第二类为模糊评论,该类评论的内容一般较为概括、笼统,如只涉及商品的品牌和电商平台,并没有提供与商品的使用相关的有价值的信息;第三类为非评论,该类评论的内容与一般商品评论的内容相去甚远,如包括一些广告及其他不相关的内容。

本研究对用户评论的异常检测旨在过滤信息价值较低的评论,为后续的评论分析建模及监测提供高质量的数据基础。由于电商平台设置了用户隐私保护机制,因此比较难以直接获取评论者的身份信息,而对第一类异常评论,即虚假评论的检测往往需要用到用户的行为特征,以及评论者、评论内容、商家之间的网络结构特征,在评论用户身份信息缺失的情况下难以对第一类异常评论进行有效检测,因此本研究主要聚焦于对用户评论中第二、三类异常评论,即模糊评论和非评论的检测,并主要通过对评论文本内容的特征挖掘实现异常检测。

　　表 3.1 以从京东商城爬取的评论数据集为例,展示了常见的第二、三类异常评论,即模糊评论和非评论,以及与之相对的有效评论。其中,前三条评论是典型的非评论,从评论文本内容上看,该类评论的内容与一般商品评论的内容相去甚远,常见于各种广告,以及用户为完成网站打卡任务所留下的无关内容。该类型的异常评论对后续的评论数据分析及特征提取而言都是“噪声”内容,干扰了顾客及商家的正常决策,是我们希望通过异常检测算法自动筛除的第一类评论。中间三条评论是典型的模糊评论,该类评论虽然也表达了顾客对商品的总体情感倾向,但是过于概括、笼统,只涉及商品的品牌和电商平台等背景描述,并没有提供与商品的使用相关的有价值的信息,也无法为评估产品各维度的质量水平提供参考。与之相对,最后三条评论是可以接受的有效评论,有效评论与模糊评论相比,最大的区别在于,有效评论中往往说明了产品及服务的一个或多个质量维度,如在表 3.1 中,最后三条有效评论涉及产品的面料、做工、测量精准度等产品质量维度,同时也包括快递速度、保价等服务的各个维度,我们将一个特定的维度信息用“主题”来概括,在这类有效评论中,用户的情感与评论中的主题类别息息相关,即用户可能对某一个主题持正向情感,而对另一个主题持负向情感。有效评论因含有丰富的主题及情感相关信息,因此为商家和消费者的决策提供了重要的参考价值。

表 3.1　常见非评论、模糊评论、有效评论示例

评论文本内容	类型
我轻轻地来,正如我轻轻地走,挥一挥衣袖,不带走一片云彩	非评论
希望我的儿子用了这个杯子,可以健健康康,快快乐乐地长大	非评论
特大喜讯！特大喜讯！12 月 9—13 日优惠活动来袭	非评论
东西挺好的,跟我想的一样,喜欢呀喜欢呀真的很喜欢呀	模糊评论
这个品牌的杯子,就是很棒,下次还买这个牌子	模糊评论
我是老会员了,谢谢老板,总不会让我失望,你的生意会很好的哦	模糊评论
今天收到沙发垫非常开心,面料很密实,做工很精细,非常成功的网购	有效评论
快递神速,一天就到了,商品质量也非常好,这个血压仪太精准了	有效评论
东西质量可以,但平台有欺骗行为,说好了三十天保价,都是谎话,很难兑现	有效评论

　　综上所述,本章从评论文本特征分析的角度,主要聚焦于对评论中非评论和模糊评论两种类型的异常检测,总体上,这两类异常评论均无法为评论的分析挖掘和相关决策提供可参考的主题情感相关信息,如果保留在数据集中,将在后续的评论分析建模中成为难以避免的"噪声",故此,本章将从上述介绍的异常评论的文本内容中提取相关特征,并设计对应的异常检测算法实现对该类异常评论的自动识别和过滤,整理得到高质量的评论数据。首先,3.2 节和 3.3 节将分别提出一个基于非监督学习的异常评论检测模型和一个基于监督学习的异常评论检测模型,然后,3.4 节会根据从京东商城爬取的真实数据集进行模型的效果验证和结果展示,最后,3.5 节将对本章内容进行总结。

3.2　非监督学习的评论异常检测算法

　　本节首先考虑基于非监督学习的方法对用户评论中的异常评论进行识别,此类方法不依赖打标的异常数据,而是直接从评论文本内容中提取相关特征,在特征表现上有异于其他数据点的数据可视为异常数据。

　　Titov 等[48]提出了多粒度的主题建模方法,同时发现了评论文本中的全局主题和局部主题。其中"全局主题"往往对应产品品牌、服务平台等背景维度,是多个评论共享的主题,而"局部主题"则对应用户对产品和服务进行评分的各个维度,不同评论中涉及的局部主题一般不同。借用以上概念,并结合 3.1 节中对异常评论(包括非评论和模糊评论)的定义,本节将异常评论进一步定义为与"局部主题"无关的评论。其中,模糊评论只体现了全局主题的信息,而非评论则与全局主题和局部主题皆无关系。本节主要分两个阶段进行评论的异常检测,首先基于一个分层的主题模型抽取得到评论文本中的全局主题特征和局部主题特征,然后在第二阶段应用抽取的主题特征计算出每条评论的异常分值。

3.2.1　基于分层主题建模的评论文本语义特征提取

　　本节将单条评论作为本章的检测对象,将评论数据集表示为 $\{d_i, i = 1, 2, \cdots, D\}$,每条评论 d_i 表示为由 N_i 个词语构成的集合 $(w_{i1}, w_{i2}, \cdots, w_{iN_i})$。其中,词语是构成评论文本的基本单元,每个观测到的词语从评论语料的词汇表 $\{w_1, w_2, \cdots, w_V\}$ 中抽取得到。假定评论数据集中共有 K 个局部主题属性,其序号记为 $\mathbf{K} = \{1, 2, \cdots, K\}$,以及一个全局主题属性,记其

序号为 $K+1$，每个观测词语的背后受到其主题属性 $z \in \boldsymbol{K}_+ = \boldsymbol{K} \cup \{K+1\}$ 的影响，而每个主题属性皆对应一个 V 维的词语向量 $\boldsymbol{\varphi}_z$，用于表示该主题下的词语出现概率。根据全局主题和局部主题之间的层次关系，本书提出一个两层的概率主题模型（bi-level latent dirichlet allocation，BLDA），构造数据集 $\{d_i, i = 1, 2, \cdots, D\}$ 的概率生成过程如下（模型示例见图 3.1）。

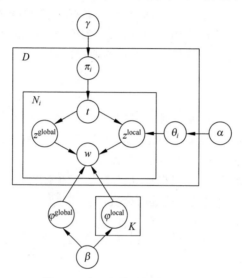

图 3.1　BLDA 模型概率图结构

- 首先对数据集背后隐含的主题信息，利用对应的词语分布描绘其特性：
  - ◆ 对应每个局部主题属性和全局主题属性 $z \in \{1, 2, \cdots, K, K+1\}$：
    - ■ 抽取落在词汇表上的 V 维概率向量 $\boldsymbol{\varphi}_z \sim \text{Dirichlet}(\boldsymbol{\beta}_z)$。
- 对于每个评论文档 $d_i, i = 1, 2, \cdots, D$：
  - ◆ 抽取分层概率 $\pi_i \sim \text{Beta}(\boldsymbol{\gamma})$。
  - ◆ 抽取落在各局部主题上的 K 维概率向量 $\boldsymbol{\theta}_i \sim \text{Dirichlet}(\boldsymbol{\alpha})$。
  - ◆ 对 d_i 中的每个词语 $w_{ij}, j = 1, 2, \cdots, N_i$，按照以下过程抽取：
    - ■ 抽取分层变量 $t_{ij} \sim \text{Binomial}(\pi_i)$。
    - ■ 当 $t_{ij} = 0$ 时，则词语的主题属性 $z_{ij} = K+1$，即为全局主题属性。
    - ■ 当 $t_{ij} = 1$ 时，则抽取词语的局部主题属性 $z_{ij} \sim \text{Multinomial}(\boldsymbol{\theta}_i)$。
    - ■ 根据抽取好的主题属性 z_{ij}，从词汇表中抽取单词 $w_{ij} \sim \text{Multinomial}(\boldsymbol{\varphi}_{z_{ij}})$。

其中，β、γ 和 α 表示模型的先验分布参数。根据以上概率生成过程，本书实际上模拟了一个用户进行评论时的典型过程，即：①用户首先决定是进行上层的全局主题描述（如产品品牌、基本信息、平台情况等），还是进行下层的局部主题评价（如产品各方面的质量表现、价格、服务情况等），该部分的控制比例由分层概率 π_i 决定；②当用户决定进行局部主题评价时，需要进一步选定所评价的局部主题类别，这一阶段的选择概率由 θ_i 决定；③最后，当确定了当前讨论的主题类别时，用户会根据该主题选择合适的词语进行描述，该过程由各主题属性对应的词语概率向量 φ_z 决定。

3.2.2　参数估计

根据 3.2.1 节中提出的概率模型，有三类重要的模型参数需要估计，即：①评论的分层概率 π；②评论的局部主题分布参数 θ；③每个主题属性对应的词语分布参数 φ。对于观测数据集 $\{d_i, i = 1, 2, \cdots, D\}$，在给定以上三类模型参数的条件下，可以根据 3.2.1 节中的概率生成过程写出所有词语及它们背后隐含的主题属性的联合概率：

$$
\begin{aligned}
P(w, z \mid \pi, \theta, \varphi) &= \prod_{i=1}^{D} \prod_{j=1}^{N_i} P(z_{ij}, w_{ij} \mid \pi_i, \theta_i, \varphi_{z_{ij}}) \\
&= \prod_{i=1}^{D} \prod_{j=1}^{N_i} P(z_{ij} \mid \pi_i, \theta_i) P(w_{ij} \mid \varphi_{z_{ij}})
\end{aligned} \tag{3-1}
$$

其中，

$$
P(z_{ij} \mid \pi_i, \theta_i) = \begin{cases} 1 - \pi_i, & z_{ij} = K + 1 \\ \pi_i \theta_{i, z_{ij}}, & z_{ij} = 1, 2, \cdots, K \end{cases} \tag{3-2}
$$

在已有文献中，针对上述概率主题模型的常用参数估计方法包括吉布斯抽样[41]、变分贝叶斯推断[47]及最大后验估计[101]等，此外，一些进阶的方法[102-103]可用于处理当数据集的规模较大或是结构较为复杂时的情况。本研究采用吉布斯抽样（Gibbs sampling）的方法对模型参数进行估计。

吉布斯抽样是基于马尔可夫链的蒙特卡洛方法（Markov chain Monte Carlo）的一种，常常用于涉及复杂积分计算的贝叶斯模型的参数估计，此类方法借助构造满足细致平稳条件的马尔可夫链，使最终到达平稳状态的马尔可夫链的极限分布逼近待估计的参数后验分布。吉布斯抽样定义了马尔可夫链的状态转移过程，在利用吉布斯抽样对上述分层主题模型进行参数估计的过程中，每一轮次迭代中都对涉及的隐变量（词语的主题属性）进行抽取。例如，对于评论 d_i 中的第 j 个观测词语 $w_{ij}=w$，在给定其他所有观测数据及相关隐变量的情况下，根据式（3-1）中的联合概率进行推导，得到以下条件概率对其背后隐含的主题属性 z_{ij} 进行抽取：

$$P(z_{ij}=z \mid \boldsymbol{w},\boldsymbol{z}_{-ij}) \propto P(z_{ij}=z,w_{ij}=w \mid \boldsymbol{w}_{-ij},\boldsymbol{z}_{-ij})$$

$$=P(z_{ij}=z \mid \boldsymbol{z}_{-ij}) \times P(w_{ij}=w \mid z_{ij}=z,\boldsymbol{z}_{-ij},\boldsymbol{w}_{-ij}) \qquad (3\text{-}3)$$

其中，下标（或上标）$-ij$ 代表从评论 d_i 对应的数据整体中排除第 j 个变量后的结果，例如，$\boldsymbol{z}_{-ij}=(z_{i1},z_{i2},\cdots,z_{i(j-1)},z_{i(j+1)},\cdots,z_{iN_i})$ 代表除开第 j 个词语的主题属性后的评论 d_i 的主题向量。在式（3-3）中，第一项代表抽取词语对应的主题属性的概率，通过对模型参数 $\pi_i,\boldsymbol{\theta}_i$ 求积分，可以对式（3-3）中的第一项进行求解：

$$
P(z_{ij}=z \mid \boldsymbol{z}_{-ij})
$$

$$
=\begin{cases}
\displaystyle\int_{\pi_i} (1-\pi_i)P(\pi_i \mid \boldsymbol{z}_{-ij})\mathrm{d}\pi_i, & z=K+1 \\[2ex]
\displaystyle\int_{\pi_i} \pi_i P(\pi_i \mid \boldsymbol{z}_{-ij})\int_{\boldsymbol{\theta}_i} P(z_{ij}=z \mid \boldsymbol{\theta}_i)P(\boldsymbol{\theta}_i \mid \boldsymbol{z}_{-ij})\mathrm{d}\boldsymbol{\theta}_i \mathrm{d}\pi_i, & z=1,2,\cdots,K
\end{cases}
$$

$$(3\text{-}4)$$

其中，$P(\pi_i \mid \boldsymbol{z}_{-ij})$ 为给定样本 $\boldsymbol{z}_{-ij}$ 下的分层概率参数 π_i 的后验分布，根据贝叶斯全概率式，有 $P(\pi_i \mid \boldsymbol{z}_{-ij}) \propto P(\boldsymbol{z}_{-ij} \mid \pi_i)P(\pi_i)$，其中，数据似然函数定义为

$$P(\boldsymbol{z}_{-ij} \mid \pi_i)=(\pi_i)^{N_{i,\text{local}}^{-ij}}(1-\pi_i)^{N_{i,\text{global}}^{-ij}} \qquad (3\text{-}5)$$

其中，令 $\boldsymbol{n}_i=(N_{i,\text{local}},N_{i,\text{global}})$ 代表 d_i 中与局部和全局主题属性相连的词语的计数向量，由于先验分布 $P(\pi_i)=\text{Beta}(\boldsymbol{\gamma})$ 为似然函数的共轭先验，容易推断得到 π_i 的后验概率分布也为 Beta 分布：$P(\pi_i \mid \boldsymbol{z}_{-ij})=\text{Beta}(\boldsymbol{n}_i^{-ij}+\boldsymbol{\gamma})$。

　　同理，式（3-4）中 $P(\boldsymbol{\theta}_i \mid \boldsymbol{z}_{-ij})$ 为给定样本 $\boldsymbol{z}_{-ij}$ 下的局部主题分布参数 $\boldsymbol{\theta}_i$ 的后验分布，根据贝叶斯全概率公式，有 $P(\boldsymbol{\theta}_i \mid \boldsymbol{z}_{-ij}) \propto P(\boldsymbol{z}_{-ij} \mid \boldsymbol{\theta}_i)P(\boldsymbol{\theta}_i)$，其中，数据似然函数定义为

$$P(\boldsymbol{z}_{-ij} \mid \boldsymbol{\theta}_i)=\prod_{q=1,q \neq j}^{N_i} \text{Multinomial}(z_{iq} \mid \boldsymbol{\theta}_i)=\prod_{z=1}^{K}(\theta_{i,z})^{N_{i,z}^{-ij}} \qquad (3\text{-}6)$$

其中，令 $\boldsymbol{n}_{i,\text{local}}=(N_{i,1},N_{i,2},\cdots,N_{i,K})$ 代表评论 d_i 中分别与 K 个局部主题属性相连的词语的计数向量，由于先验分布 $P(\boldsymbol{\theta}_i)=\text{Dirichlet}(\boldsymbol{\theta}_i \mid \boldsymbol{\alpha})$ 为似然函数的共轭先验，容易推断得到 $\boldsymbol{\theta}_i$ 的后验概率分布也为 Dirichlet 分布：$P(\boldsymbol{\theta}_i \mid \boldsymbol{z}_{-ij})=\text{Dirichlet}(\boldsymbol{\theta}_i \mid \boldsymbol{n}_{i,\text{local}}^{-ij}+\boldsymbol{\alpha})$。将上述后验概率代入式（3-4）

中,可化解为

$$P(z_{ij} = z \mid \boldsymbol{z}_{-ij})$$

$$= \begin{cases} \dfrac{N_{i,\text{global}}^{-ij} + \gamma_1}{N_i^{-ij} + \gamma_0 + \gamma_1}, & z = K+1 \\[4mm] \dfrac{N_{i,\text{local}}^{-ij} + \gamma_0}{N_i^{-ij} + \gamma_0 + \gamma_1} \times \dfrac{N_{i,z}^{-ij} + \alpha_z}{N_{i,\text{local}}^{-ij} + \displaystyle\sum_{z'=1}^{K} \alpha_{z'}}, & z = 1,2,\cdots,K \end{cases} \quad (3\text{-}7)$$

其中,N_i 代表 d_i 中词语的总数。式(3-3)中的第二项代表在给定词语的主题属性 $z_{ij} = z$ 后,抽取单词 $w_{ij} = w$ 的后验概率,同样可以通过对模型参数 $\boldsymbol{\varphi}_z$ 求积分,对该项进行求解:

$$P(w_{ij} = w \mid z_{ij} = z, \boldsymbol{z}_{-ij}, \boldsymbol{w}_{-ij})$$

$$= \int_{\boldsymbol{\varphi}_z} P(w_{ij} = w \mid \boldsymbol{\varphi}_z) P(\boldsymbol{\varphi}_z \mid \boldsymbol{z}_{-ij}, \boldsymbol{w}_{-ij}) \mathrm{d}\boldsymbol{\varphi}_z$$

$$= \int_{\boldsymbol{\varphi}_z} \varphi_{z,w} \times \text{Dirichlet}(\boldsymbol{\varphi}_z \mid \boldsymbol{n}_z^{-ij} + \boldsymbol{\beta}_z) \mathrm{d}\boldsymbol{\varphi}_z$$

$$= E(\varphi_{z,w} \mid \text{Dirichlet}(\boldsymbol{\varphi}_z \mid \boldsymbol{n}_z^{-ij} + \boldsymbol{\beta}_z))$$

$$= \frac{N_{z,w}^{-ij} + \beta_{z,w}}{N_z^{-ij} + \displaystyle\sum_{w'} \beta_{z,w'}} \quad (3\text{-}8)$$

令计数向量 $\boldsymbol{n}_z = (N_{z,1}, N_{z,2}, \cdots, N_{z,V})$,其中 $N_{z,w}$ 代表数据集中词语 w 与主题属性 z 相关联的次数,此外,N_z 代表数据集中与主题属性 z 相关联的词语总数。

最后,将式(3-7)和式(3-8)代入式(3-3),得到 d_i 中词语 w_{ij} 对应的主题属性的抽样概率为

$$P(z_{ij} = z \mid \boldsymbol{w}, \boldsymbol{z}_{-ij}) \propto P(z_{ij} = z, w_{ij} = w \mid \boldsymbol{w}_{-ij}, \boldsymbol{z}_{-ij})$$

$$= \left(\frac{N_{i,\text{global}}^{-ij} + \gamma_1}{N_i^{-ij} + \gamma_0 + \gamma_1} \right)^{1-I_z} \times \left(\frac{N_{i,\text{local}}^{-ij} + \gamma_0}{N_i^{-ij} + \gamma_0 + \gamma_1} \times \frac{N_{i,z}^{-ij} + \alpha_z}{N_{i,\text{local}}^{-ij} + \displaystyle\sum_{z'=1}^{K} \alpha_{z'}} \right)^{I_z} \times$$

$$\frac{N_{z,w}^{-ij} + \beta_{z,w}}{N_z^{-ij} + \displaystyle\sum_{w'} \beta_{z,w'}} \quad (3\text{-}9)$$

其中,I_z 作为区分全局主题和局部主题的指示变量,当主题属性 $z = K+1$(全局主题)时,$I_z = 0$;而当主题属性 $z = 1,2,\cdots,K$(局部主题)时,$I_z = 1$。

　　式(3-9)中的抽样概率构成了吉布斯抽样算法中每一步迭代的核心,也定义了背后所构造的马尔可夫链的状态转移过程,马尔可夫链在运行足够长时间后达到平稳状态,此时用抽样得到的隐变量及观测数据作为样本对模型参数 θ、π、φ 进行估计,其后验分布的期望值如下:

$$
\begin{cases}
\hat{\pi}_i = \dfrac{N_{i,\text{local}} + \gamma_0}{N_i + \gamma_0 + \gamma_1} \\[3mm]
\hat{\theta}_{i,z} = \dfrac{N_{i,z} + \alpha_z}{N_{i,\text{local}} + \displaystyle\sum_{z'=1}^{K} \alpha_{z'}}, \quad z = 1,2,\cdots,K \\[3mm]
\hat{\varphi}_{z,w} = \dfrac{N_{z,w} + \beta_{z,w}}{N_z + \displaystyle\sum_{w'} \beta_{z,w'}}, \quad w = 1,2,\cdots,V
\end{cases}
\tag{3-10}
$$

3.2.3　异常分值计算

　　本节主要聚焦于对在线评论中的非评论和模糊评论两类异常的自动检测。从评论文本分层主题建模的角度看,对于模糊评论,其主要特点是只包含全局主题信息而不涉及局部主题评价,即该类异常评论中分层概率 π_i 接近 0;而对于非评论,其主要特点是评论内容和产品无关,即主题属性对应的词语概率向量 φ_z 在观测词语上的概率值接近 0。结合以上异常评论的特点,本节提出单个评论 d_i 的主题异常分值(topic outlier factor,TOF)的定义为

$$
\begin{aligned}
\text{TOF}(d_i) &= \exp\left\{-\frac{\displaystyle\sum_{j=1}^{N_i} \ln P(z_{ij} \in \{1,2,\cdots,K\}, w_{ij}=w)}{N_i}\right\} \\[3mm]
&= \exp\left\{-\frac{\displaystyle\sum_{j=1}^{N_i} \ln \sum_{z=1}^{K} P(z_{ij}=z, w_{ij}=w)}{N_i}\right\}
\end{aligned}
\tag{3-11}
$$

　　式(3-11)中的异常分值越大,对应评论 d_i 中概率 $P(z_{ij}=z, w_{ij}=w)$ 越小,一方面可能是由于该评论中的概率 $P(z_{ij}=z)$,$z=1,2,\cdots,K$ 较小,即评论与局部主题属性 $z \in \{1,2,\cdots,K\}$ 不相关,对应的异常类型为模糊评论,另一方面也可能是由评论中的概率 $P(w_{ij}=w)$ 较小所导致的,即评论中的观测词语 w 为不常用词,对应的异常类型为非评论。故此,式(3-11)中的异常分值同时衡量了评论在两种异常标准判断下的异常程度,该分值

越大,对应的评论越有可能为异常评论。本节可设定一个阈值 δ,当 $\text{TOF}(d_i) > \delta$ 时,对应的评论 d_i 被判定为需要被过滤的异常评论,其中,δ 的取值可根据算法在验证集上的效果进行选择。

我们同样利用 3.2.2 节中介绍的抽样过程对以上异常分值进行迭代估计,在每轮次迭代中,根据式(3-9)中的抽样概率,式(3-11)中的每个观测词语及它对应局部主题属性的联合概率 $P(z_{ij} = z, w_{ij} = w)$ 可表示为

$$P(z_{ij} = z, w_{ij} = w)$$

$$= \frac{N_{i,\text{local}}^{-ij} + \gamma_0}{N_i^{-ij} + \gamma_0 + \gamma_1} \times \frac{N_{i,z}^{-ij} + \alpha_z}{N_{i,\text{local}}^{-ij} + \sum_{z'=1}^{K} \alpha_{z'}} \times \frac{N_{z,w}^{-ij} + \beta_{z,w}}{N_z^{-ij} + \sum_{w'} \beta_{z,w'}} \quad (3\text{-}12)$$

综上所述,用吉布斯抽样进行模型参数估计和评论异常分值计算的过程如算法 3.1 所示。

算法 3.1　分层主题模型的吉布斯抽样过程

Input：数据集 $\{d_i, i = 1, 2, \cdots, D\}$,超参数 $\boldsymbol{\beta}$、$\boldsymbol{\gamma}$、$\boldsymbol{\alpha}$

Output：模型参数 $\boldsymbol{\varphi}$、$\boldsymbol{\pi}$、$\boldsymbol{\theta}$ 的估计值,评论异常分值 $\{\text{TOF}(d_i)\}_{i=1}^{D}$

1　随机初始化词语的主题属性;

2　初始化评论的异常分值;

3　**for** Iteration $= 1, 2, \cdots, I$ **do**

4　　**for** $d_i, i = 1, 2, \cdots, D$ **do**

5　　　**for** $w_{ij}, j = 1, 2, \cdots, N_i$ **do**

6　　　　去除当前词语 w_{ij} 及它关联的主题属性,更新相关计数值:

　　　　　$N_i^{-ij}, N_{i,\text{local}}^{-ij}, N_{i,\text{global}}^{-ij}, N_{i,z}^{-ij}, N_z^{-ij}, N_{z,w}^{-ij} \longleftarrow$

　　　　　$N_i, N_{i,\text{local}}, N_{i,\text{global}}, N_{i,z}, N_z, N_{z,w}$;

7　　　　根据式(3-12)计算概率 $P(z_{ij} = z, w_{ij} = w), z = 1, 2, \cdots, K$;

8　　　　根据式(3-9)中的抽样概率,抽取 w_{ij} 的主题属性;

9　　　　根据 w_{ij} 新抽取得到的主题属性,更新相关计数值:

　　　　　$N_i, N_{i,\text{local}}, N_{i,\text{global}}, N_{i,z}, N_z, N_{z,w} \longleftarrow$

　　　　　$N_i^{-ij}, N_{i,\text{local}}^{-ij}, N_{i,\text{global}}^{-ij}, N_{i,z}^{-ij}, N_z^{-ij}, N_{z,w}^{-ij}$;

10　　　**end**

11　　根据式(3-11)更新 $\text{TOF}(d_i)$

12　　**end**

13　**end**

14　根据式(3-10)估计模型参数 $\boldsymbol{\varphi}$、$\boldsymbol{\pi}$、$\boldsymbol{\theta}$。

3.3　监督学习的评论异常检测算法

近年来,一些方法[104-105]利用卷积神经网络(CNN)对文本内容进行特征表示学习,并在短文本分类上取得了良好的效果。本节提出一个基于评论文本卷积神经网络的异常检测分类模型(TextCNN＋BLDA),并根据已有的打标数据对模型参数进行监督学习。模型总体结构见图 3.2,该模型的输入为待检测的单个评论,输出为该评论的分类结果。

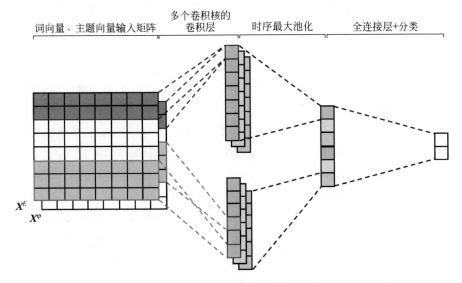

图 3.2　TextCNN＋BLDA 模型结构

与传统的 CNN 模型应用在图像分类任务中考虑输入图像的红绿蓝三通道信息相类似,本节中所用的 TextCNN＋BLDA 模型也考虑输入评论文本多个通道的内容信息。一方面,文本分类模型常常利用一个预训练语言模型所得到的评论中每个词的词嵌入(word embedding)作为分类模型的输入。常见的词嵌入训练方法包括 Word2Vec[38]、FastText[106] 和 GloVe[107],词嵌入的目的是将离散的词语映射到一个稠密的向量空间,使同一上下文的词语之间的距离尽可能接近。不同词语的词嵌入或向量表达反映了词语之间的上下文语义,可视为对评论词语语义特征的预训练提取。此外,利用词嵌入作为模型输入也大大降低了输入数据的维度,能够减少模型参数数量,加快训练速度。令 N 代表评论中观测词语的数量,T 代表词向量的维度,则每条评论可被编码成为一个 $N \times T$ 维的矩阵 $\boldsymbol{X}^E$,表示为

$$\boldsymbol{X}_{1:N}^E = \boldsymbol{x}_1^E \oplus \boldsymbol{x}_2^E \oplus \cdots \oplus \boldsymbol{x}_N^E \tag{3-13}$$

本节将上述评论文本的词嵌入矩阵作为模型第一个通道的输入。另一方面,结合 3.2 节提出的分层主题模型 BLDA,本节同时考虑评论词语的主题特征。特别地,本节将通过 BLDA 模型训练得到的词语在各个主题下的分布概率 $\boldsymbol{\varphi}_w$ 作为表征词语的主题向量,记为 $\boldsymbol{x}_w^{\varphi} = (\varphi_{z=1,w}, \varphi_{z=2,w}, \cdots, \varphi_{z=K+1,w})$。在这一部分中,令 N 代表评论中观测词语的数量,$K+1$ 表示分层主题模型中局部主题和全局主题的总数量,则每条评论可表示为一个 $N \times (K+1)$ 维的矩阵 $\boldsymbol{X}^{\varphi}$,表示为

$$\boldsymbol{X}_{1:N}^{\varphi} = \boldsymbol{x}_1^{\varphi} \oplus \boldsymbol{x}_2^{\varphi} \oplus \cdots \oplus \boldsymbol{x}_N^{\varphi} \tag{3-14}$$

将上述评论文本的主题向量矩阵作为模型第二个通道的输入。

接下来,模型对不同通道的输入矩阵进行文本序列上的一维卷积运算,即,对两个通道的输入矩阵 $\boldsymbol{X}^E$ 和 $\boldsymbol{X}^{\varphi}$,分别引入窗口宽度为 h 的滤波器(filter),记为 $w^E \in \mathbb{R}^{hT}$ 和 $w^{\varphi} \in \mathbb{R}^{h(K+1)}$,该滤波器对评论文本序列中相邻的 h 个词语进行联合运算,提取出文本在该窗口内的特征,例如,通过卷积运算所提取得到的第 i 个窗口 $[i, i+h-1]$ 对应的特征值表示为

$$c_i = f(w^E \cdot \boldsymbol{X}_{i:i+h-1}^E + w^{\varphi} \cdot \boldsymbol{X}_{i:i+h-1}^{\varphi} + b) \tag{3-15}$$

其中,$b \in \mathbb{R}$ 代表一个偏置项,而 f 采用修正线性单元激活函数 Relu[108]。随着该滤波器在文本序列上的逐次移动,我们可以提取得到文本序列在一维卷积运算后的特征映射(feature map)向量 $\boldsymbol{c} = [c_1, c_2, \cdots, c_{N-h+1}]$。上述一维卷积过程的实质是对文本序列中 N 元语法(N-Gram)的信息特征提取,可通过定义多个不同窗口宽度 h 的滤波器,提取得到文本在不同长度依赖下的特征。

在通过不同滤波器的卷积运算获取得到文本的特征映射向量后,模型进一步采用时序最大池化[109]得到每个特征映射向量中的最大值:$\hat{c} = \max\{\boldsymbol{c}\}$,并将该值作为对应滤波器获取得到的最终特征值。该步骤的意义在于保留每个特征映射向量中最重要的信号,突出文本中对分类结果最有影响意义的特征词组,去除其余噪声,同时也进一步减少参数数量,获得更轻便的模型结构。此外,模型将通过不同滤波器的卷积运算和时序最大池化得到的特征值拼接到一起,经过一个全连接层,最终由 Sigmoid 函数获取得到异常检测的二分类结果,即对应评论为异常评论的概率。

3.4　实　验　结　果

本节将依据一个真实的评论数据集对上述提出的基于非监督学习的评论异常检测算法(TOF)和基于监督学习的评论异常检测算法(TextCNN＋BLDA)进行效果验证及比较。

3.4.1　数据集及设定

本节中的实验数据来源为从京东商城爬取得到的评论数据集,考虑到本书所定义的异常评论因具体商品的品类而异,本节以日常用品类商品中"水杯"的相关评论作为分层主题建模及异常检测的对象,并基于此类商品的评论数据展示模型建模和检测结果。

为了评估不同模型的异常检测效果,本实验随机抽取了部分评论进行人工检验,并标注了 4000 条评论,其中 2000 条为异常评论,2000 条为正常评论。在基于主题异常因子 TOF 的非监督异常检测模型中,以上 4000 条评论作为模型验证数据集,通过对人工打标及模型预测之间的比较评估模型效果。而监督学习的 TextCNN＋BLDA 分类模型则采用十折交叉验证(10-fold cross validation)的方式对打标数据集进行训练集和测试集的划分,并以多次测试结果的平均值作为最终结果展示。

在分层主题建模部分,实验中选定局部主题数量 $K=10$,并采用文献[48]中常见的对称型无信息先验设置超参数,即 $\gamma_0=\gamma_1=0.5$;$\alpha_z=0.5/K$,$z\in\{1,2,\cdots,K\}$;$\beta_{z,w}=0.01,z\in\{1,2,\cdots,K,K+1\},w\in\{1,2,\cdots,V\}$。在 TextCNN＋BLDA 分类模型中,卷积层使用三组宽度分别为 $h=2,3,4$ 的卷积核,每组卷积核的数量为 128,通道一输入的词嵌入基于 Skip-Gram 模型[38]对评论数据集预训练获得,词嵌入维度 $T=64$,通道二输入的主题向量维度为 $K+1=11$。模型训练选用优化器 Adam[110],总共迭代 50 轮次。

3.4.2　主题特征抽取结果

本节将 3.2 节中提出的分层主题模型 BLDA 应用到上述京东商城的评论数据中进行分层主题特征的抽取。每个抽取得到的主题 $z\in\{1,2,\cdots,K,K+1\}$ 由它对应的词语概率分布向量 $\boldsymbol{\varphi}_z$ 进行表征。对应地,可根据 $\boldsymbol{\varphi}_z$ 得到每个主题下使用概率最高的用词,例如,表 3.2 中展示了 BLDA 模型从京东商城"水杯"相关品类的评论数据中所抽取得到的各示例主题类别下的高频词语。每个主题类别所对应的高频词可用于帮助理解该主题所对应的用户评价维度及物理含义。

由表 3.2 中的结果可以看到,本书提出的 BLDA 模型能够提取得到用户评论背后的各个主题维度。此外,与商品、平台等背景信息相关的全局主题和与用户评分维度相关的局部主题能够通过模型的训练成功分离,例如,表 3.2 中全局主题对应的高频词大多为与商品属性、京东商城描述相关的用语,以及一些较为笼统、概括的评论词,这一类用词在不同方面的用户评论中共同出现,体现出整个评论数据集共享的全局主题属性。而抽取得到的局部主题类别,分别体现了用户评价商品及相关服务的各个具体维度,如保温效果、送货服务、客服态度、工艺水平等,对应的用词大多较为具体,通常只在描述某一特定维度的评论类别下出现。

表 3.2　BLDA 抽取得到多个示例主题对应的高频词

主题	高　频　词
全局主题	杯子,不错,很好,喜欢,好,保温,满意,质量,东西,平台,挺好,物流,很不错,好看,一直,好评,收到,没有,可以,购买,就是,质量很好,效果,非常好,推荐,还可以,很漂亮,感觉,漂亮,值得
局部主题一	保温,效果,水,小时,还是,晚上,烫,早上,喝,开水,热,热水,第二天,装,保温杯,效果很好,倒,好用,时间,下午,试,一天,温,冬天,下午,温度,还有,一杯,很久,冷
局部主题二	快递,客服,收到,物流,下单,当天,快递员,就是,快,才,送到,下午,速度,给力,今天,货,第一次,第二天,上午,商家,下,小哥,服务,送货,消息,但是,很快,差评,包裹,结果
局部主题三	客服,耐心,问题,第一次,商家,差评,坏,没有,换,卖家,收到,但是,联系,差,新,补发,货,还是,碎,换货,漏水,发,有点,店家,服务,退货,但,结果,问,退
局部主题四	薄,盖子,价,贵,盖,瑕疵,小,比较,粗糙,还好,杯盖,感觉,味道,就是,漏水,一般,价格,一分货,玻璃,不值,做工,质量,勺子,价钱,还是,塑料,一分钱,黑点,紧
局部主题五	方便,喝,泡,携带,喝水,容量,适合,好用,水,大小,用来,泡茶,合适,足够,水杯,茶,杯,正好,实用,好看,办公室,茶杯,咖啡,孩子,不用,喝茶,出门,装,颜色,一杯

3.4.3　评论异常检测结果

为了评估模型的异常检测效果,本节选取分类问题中常用的评估指标:

①精确度(Precision)；②召回度(Recall)；③F_1 值。相关定义及三者间的关系如下：

$$\text{Precision} = \frac{S_P \bigcap S_T}{S_P} \tag{3-16}$$

$$\text{Recall} = \frac{S_P \bigcap S_T}{S_T} \tag{3-17}$$

$$F_1 = \frac{2 \times \text{Precision} \times \text{Recall}}{\text{Precision} + \text{Recall}} \tag{3-18}$$

其中，S_P 代表模型预测得到的异常评论集合；S_T 代表真实的异常评论集合。基于上述评价指标，本节考虑对几种评论异常检测的方法进行综合比较，对比方法的相关描述如表 3.3 所示。

表 3.3　评论异常检测对比方法介绍

方法	描　　述
TOF	基于主题异常因子的评论异常检测方法
NB	基于最基本的朴素贝叶斯的文本分类方法[111]
TextCNN-1	仅保留评论文本的词嵌入作为卷积神经网络的输入，其余结构与 TextCNN＋BLDA 相同
TextCNN-2	仅保留由 3.2 节中的分层主题模型 BLDA 训练得到的评论文本的主题向量作为卷积神经网络的输入，其余结构与 TextCNN＋BLDA 相同
TextCNN＋LDA	卷积神经网络通道一的输入为评论文本的词嵌入，并利用基准主题模型 LDA[47]训练得到各评论词的主题向量作为通道二的输入，其余结构与 TextCNN＋BLDA 相同
TextCNN＋BLDA	卷积神经网络通道一的输入为评论文本的词嵌入，并利用 3.2 节中的分层主题模型 BLDA 训练得到各评论词的主题向量作为通道二的输入，结构见图 3.2

表 3.4 展示了几种对比方法在实验数据集上的异常检测效果，可以看到，基于 TextCNN 的几类算法对比 TOF 和 NB 算法具有明显优势，这是由于 TOF 和 NB 等方法采用词袋模型的假设，对评论的异常检测也仅依赖词频统计，忽略了评论语句中的词序关系，而基于 TextCNN 的方法通过利用不同宽度的滤波器对评论进行卷积，能够获得评论中对应宽度范围内的词语关联特征，即 N-gram 的特征，因此效果更好。

表 3.4　异常检测结果

类别	方　法	精　确　度	召　回　度	F_1
非监督学习	TOF	0.925	0.740	0.822
监督学习	NB	0.769	0.892	0.826
	TextCNN-1	0.950	0.945	0.947
	TextCNN-2	0.930	0.915	0.922
	TextCNN＋LDA	0.942	0.954	0.948
	TextCNN＋BLDA	**0.968**	**0.963**	**0.965**

在进行比较的几种方法中,TOF 算法的最大优点是它不需要打标数据便可以进行异常检测,且检验准确率和基本的监督学习方法 NB 不相上下,能满足数据预处理阶段的基本需求,故推荐用于数据准备阶段快速过滤评论中非评论和模糊评论两类异常。

同时,在几类基于 TextCNN 的检测模型之间进行比较,可以发现,TextCNN＋BLDA 整合了评论文本中的词嵌入语义特征和根据 BLDA 模型训练得到的分层主题特征,较之基于单一特征输入的模型(如 TextCNN-1 和 TextCNN-2)效果更优(在表 3.4 中加粗表示)。此外,TextCNN＋LDA 模型虽然也整合了评论中的词嵌入和主题特征,但是通过 LDA 模型训练抽取出的主题特征并不具有层次性,对评论中的异常内容,尤其是只包含全局主题信息而不涉及局部主题评价的模糊评论,该模型的检测效果较之用词嵌入作为单一特征输入的 TextCNN-1 模型并无明显差异。

3.4.4　参数敏感性

对评论文本的主题特征进行抽取的过程涉及主题数量 K 的设定,该参数会影响后续基于主题特征的评论异常检测效果,因此,本节主要探索模型对该参数的敏感性。

图 3.3 展示了在不同主题数量取值 K 下,TOF 模型的检测效果,其中,Recall-Precision 曲线越靠近右上角,代表对应模型的检测准确率越高,综合检测能力越好。总体来看,模型在 $K=10$ 时达到最优,并在附近维持较为稳定的状态。

图 3.4 展示了 TextCNN＋BLDA 模型的各个评价指标在不同主题数量取值 K 下的变化趋势。可以看到,在 K 取值较小时,对评论主题特征的挖掘存在欠拟合,此时,TextCNN＋BLDA 模型的效果相对于只保留通道一词嵌入输入的 TextCNN-1 模型无明显区别。总体上,模型的三个评价指标在

$K=15$ 附近达到最优,并在 $K=10$ 之后处于较为稳定的状态。

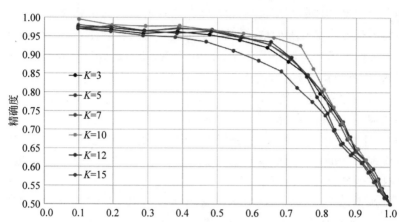

图 3.3　不同主题数量 K 设置下 TOF 模型的表现效果(见文前彩图)

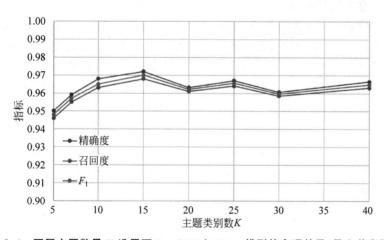

图 3.4　不同主题数量 K 设置下 TextCNN＋BLDA 模型的表现效果(见文前彩图)

3.5　本章小结

由于在线评论中往往伴随一些信息价值较低的异常内容,给评论的挖掘分析带来了不便,因此,本章针对用户评论中模糊评论和非评论两种典型的异常,从非监督学习的角度和监督学习的角度分别提出一个评论异常检测的模型,实现了对评论中异常内容的自动识别过滤。

　　一方面,本章提出的非监督学习的异常检测模型 TOF,利用对评论文本中分层主题特征的自动挖掘,定义了基于该特征的评论异常因子,该模型能够在不依赖打标数据的情况下,较好地完成异常检测任务,且检验准确率和基本的监督学习方法朴素贝叶斯不相上下,能满足数据预处理阶段的基本需求,故推荐用于数据准备阶段快速过滤评论中非评论和模糊评论两类异常。另一方面,基于监督学习的 TextCNN+BLDA 模型能够融合评论文本中的词嵌入语义特征和分层主题特征,在检测准确率上优于单一特征输入的模型,且通过卷积的形式获得评论中不同词序宽度范围内的 N-Gram 信息,能够实现对评论语义的更深入挖掘及特征提取,推荐用于历史打标数据充足条件下的评论异常检测任务。

　　本章为基于评论文本内容的异常检测任务提供了较为完善的解决方案,所提出的模型方法能够适应不同场景及应用条件下的评论异常检测问题。值得注意的是,本章中提出的方法主要基于评论文本的语义特征,包括词嵌入和主题特征,此类特征可以与现有文献中其他关于评论文本内容的特征[14],如评论长度、词语相似度、情感极性等结合使用,此外,在有条件的情况下,在进一步获取得到评论者的身份信息和商家的销售信息后,还可以结合用户的行为特征和评论系统的结构特征进行综合检测,进一步提高检测准确率。

第4章　基于主题-情感表示学习的评论文本建模与监测

4.1　本章引言

第3章介绍了对在线用户评论数据进行异常检测的方法,能够有效识别出评论数据中的非评论和模糊评论等异常,经过对异常评论内容的识别过滤可获得高质量的评论数据。经过异常评论过滤后得到的用户评论内容,涵盖了用户对所使用产品及相关服务各方面的评价意见,这些信息能够帮助商家进一步了解顾客的需求,提高产品质量,也能为后来的顾客提供详细的购买参考意见。

评论文本是典型的非结构化数据,主要由一系列离散的词语构成,与传统的结构化数据相比,对文本数据的分析利用通常需要建立在语义分析与信息量化的前提之上。由于客户和商家都不可能逐字逐句去读完所有评论,因此需要利用文本挖掘的方法从评论文本中抽取归纳出有用的产品特征及顾客意见信息。其中,从产品及服务质量评估的角度,本章主要关注两方面的信息。一方面是评论中的"主题"信息,一般对应用户所讨论的产品和服务的各个质量维度,对主题信息的挖掘有助于发现用户真正关心的产品及服务特性,为商家提升产品及服务的水平指明方向。另一方面是评论中的"情感"信息,反映了用户对该商品及相关服务的情感倾向,对情感信息的挖掘有助于监测用户感知的质量水平,通过直接来自用户的反馈及时发现产品及服务过程中的问题。

例如,表4.1展示了京东商城上常见的几类商品的评论,这些评论往往从一个或多个评价主题维度给出了顾客使用商品后的感受和意见。一方面,产品的主题维度与产品类别息息相关,反映了该类产品下用户最关注的质量特性,如针对"水杯"商品的评论"外形很酷,做工精致,刚打开有点味道,用水冲过一遍就闻不到了,密封性也很好",分别从外形、做工、味道、密封性四个维度对水杯这一产品的质量进行了正面评价。在对该类主题信息进行分析的过程中,采用人工划分评价主题维度的方法极大依赖人的判断,且划分的主题维度较为概括笼统,往往会漏掉许多与产品特性相关的具体维度,因此本章希望利用文本挖掘的方法从特定产品的评论文本中自动挖掘出用户关注的产品及服务主题维度信息。另一方面,评论中用户的情感倾向往往依赖特定的主题维度,如针对"手机"商品的评论"拍照效果特别清晰,运行速度杠杠的,要是再便宜一些就好了",不仅对手机这一产品的拍照效果、运行速度两个主题维度表达了正面情感倾向,同时也对手机的价格这一维度表达出负面的情感倾向。在对评论文本内容进行语义分析和信息量化的过程中,主题和情感两类特征彼此关联,因此需要通过联合建模的方法充分刻画这两类特征之间的相关关系。

表 4.1   京东商城常见评论示例

商品	评论内容	包含维度
水杯	外形很酷,做工精致,刚打开有点味道,用水冲过一遍就闻不到了,密封性也很好	外形,做工,味道,密封性
硒鼓	墨迹清晰,安装也方便,快递小哥服务到位,物品包装完好	墨迹,安装,快递
料理机	超级实惠,比超市便宜一半,磨了花生米和胡椒粉都很细腻,就是声音有点大	价格,研磨效果,噪声
手机	拍照效果特别清晰,运行速度杠杠的,要是再便宜一些就好了	拍照,运行,价格

此外,评论文本是对顾客感知到的产品及服务质量的天然反馈,评论中主题及情感特征的演变也实时反映了线上产品及服务的质量水平变化。例如,在每年的"双十一"线上购物节中,抱怨快递物流服务的评论会明显增多,而这一类变化正是对短时间内不足的物流输送能力的实时反馈。传统的产品质量监测常服务于生产制造过程,利用统计过程控制等方法实时监测连续生产过程中设备、环境等系统性影响因素的变化,可以实现对复杂生产过程的异常检测和分析控制。这一类研究的范畴局限于生产过程,而缺乏对产品制造完成之后状态的追踪和监测,从产品全生命周期的角度,本研究进一步对产品后续服务过程中用户实时反馈的评论文本进行建模和监测,有助于及时发现产品服务过程中的异常状态和质量问题,实现产品售后阶段的质量问题预警和质量监测。

本章对用户评论文本的分析研究将分为两个阶段进行:第一阶段对评论文本数据进行线下建模,即对评论文本背后隐藏的主题和情感特征进行抽取,通过概率统计模型实现对非结构化文本数据的向量化表示学习;第二阶段则是线上监测,即设计对应的评论文本监测方法对线上的产品服务过程进行实时监测。

4.2 线下建模

4.2.1 评论文本的主题-情感表示

本节希望对评论文本背后隐藏的主题和情感信息进行量化,通过概率统计模型建立起离散的文本与主题-情感向量之间的映射关系。已有的评论文本表示学习方法常以评论文档(review document)的形式对评论文本进行建模,根据具体的应用场景,一个文档中可以包含一条或多条评论,并遵从词袋模型的假设,将一个评论文档定义为由多个离散词语组成的集合,忽略文档中词语之间的顺序和语法等要素。在评论数据集中,由于所包含的词汇数量极大,例如,一个典型的商品类别下对应的评论数据集中词汇数量在 5000~8000 个,直接用离散的词汇表达文档会带来维数太高、表达稀疏的问题,且忽视了离散词语背后隐含的主题、情感相关性。因此,本节对文档的表示学习主要是将离散的评论文档表示为稠密的主题和情感向量,更方便用于后续探索和研究。

本节考虑由一系列评论文档构成的数据集 $\{d_i, i=1,2,\cdots,D\}$,每条评论文档 d_i 中包含 N_i 个词语 $w_i = (w_{i1}, w_{i2}, \cdots, w_{iN_i})$。其中,词语是构成评论文本的基本单元,每个观测到的词语从语料的词汇表 $\{w_1, w_2, \cdots, w_V\}$ 中抽取得到。已有的评论文本主题-情感联合建模[50,60-61]常常将每一个评论文档表示为由一系列互相依赖的主题及情感属性组成的混合体。本节沿用 RJST(Reverse-JST)模型[61]提出的假设,即文档中每一个观测词语都同时受到背后隐含的主题及情感属性的影响,而情感依赖特定的主题。假设评论文档的背后隐含 K 个主题属性 $z \in \{1,2,\cdots,K\}$ 及 S 个情感属性 $l \in \{1,2,\cdots,S\}$,每个评论文档 d_i 对应一个 K 维的主题向量 $\boldsymbol{\theta}_i$,表示该文档落在各个主题属性上的概率。同时,在每个主题属性 $z \in \{1,2,\cdots,K\}$ 下,d_i 分别对应一个 S 维的情感向量 $\boldsymbol{\pi}_{i,z}$,表示文档在该主题下落在各个情感属性上的概率。上述评论文档的表示方法符合实际情况下用户评论的特点,例如,用户可能对 A 主题持正向态度,对 B 主题持负向态度,此类差异可以用不同主题下的情感向量进行表示。主题及情感分布决定了文档中每个观测词语出现的规律,即对于每个主题属性 $z \in \{1,2,\cdots,K\}$ 及情感属性 $l \in \{1,2,\cdots,S\}$,分别对应一个 V 维的词语向量 $\boldsymbol{\varphi}_{z,l}$,用于表示文档中对应主题及情感属性下的词语生成概率。

对于数据集 $\{d_i,i=1,2,\cdots,D\}$,其概率生成过程在 RJST 模型中如下所述(模型示例见图 4.1)。

- 首先对数据集背后隐含的主题及情感信息,利用对应词语分布描绘其特性:
  - ◆ 对应每个词语的主题属性 $z \in \{1,2,\cdots,K\}$ 及情感属性 $l \in \{1,2,\cdots,S\}$:
    - ■ 抽取落在词汇表上的 V 维多项式分布参数 $\boldsymbol{\varphi}_{z,l} \sim \text{Dirichlet}(\boldsymbol{\beta}_{z,l})$。
- 对于每个评论文档 $d_i,i=1,2,\cdots,D$:
  - ◆ 抽取其多项式主题分布的参数 $\boldsymbol{\theta}_i \sim \text{Dirichlet}(\boldsymbol{\alpha})$。
  - ◆ 对于每个主题属性 $z \in \{1,2,\cdots,K\}$,抽取文档在该主题属性下的多项式情感分布的参数 $\boldsymbol{\pi}_{i,z} \sim \text{Dirichlet}(\boldsymbol{\gamma}_z)$。
  - ◆ 对 d_i 中的每个词语 $w_{ij},j=1,2,\cdots,N_i$,按照以下过程抽取:
    - ■ 抽取词语的主题属性 $z_{ij} \sim \text{Multinomial}(\boldsymbol{\theta}_i)$。
    - ■ 根据主题 z_{ij},抽取词语的情感属性 $l_{ij} \sim \text{Multinomial}(\boldsymbol{\pi}_{i,z_{ij}})$。
    - ■ 根据抽取好的主题属性 z_{ij} 和情感属性 l_{ij},从词汇表中抽取单词 $w_{ij} \sim \text{Multinomial}(\boldsymbol{\varphi}_{z_{ij},l_{ij}})$。

其中,文档词语 w 是唯一观测数据,$\boldsymbol{\beta}$、$\boldsymbol{\gamma}$ 和 $\boldsymbol{\alpha}$ 表示模型的先验分布参数,而其余参数,如文档主题和情感分布参数 $\boldsymbol{\theta}$、$\boldsymbol{\pi}$,以及各主题和情感类别所对应的单词分布参数 $\boldsymbol{\varphi}$,都是模型待估计参数。

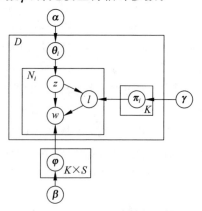

图 4.1　RJST 模型概率结构

　　该模型的核心是建立一个包含主题及情感的文档概率生成过程,通过研究词语之间的共现规律,可以发现评论文档背后隐藏的主题及情感属性。文档中词语之间的共现规律由其背后的主题及情感属性决定,即具有相同主题及情感属性的词语更有可能出现在同一个文档或上下文中,这一假设符合现实中观察到的用户评论的规律,反之,每个主题及情感属性都对应一组频繁出现的高频词,通过对这些高频词集进行总结,有助于理解每个主题及情感属性的概念。

4.2.2　参数估计

　　根据 4.2.1 节中介绍的概率模型,有三类重要的模型参数需要估计,即:①评论文档的主题分布参数$\boldsymbol{\theta}$;②评论文档在每个主题属性下对应的情感分布参数$\boldsymbol{\pi}$;③每个情感和主题属性所对应的单词分布参数$\boldsymbol{\varphi}$。对于观测到的文档集合$\{d_i, i=1,2,\cdots,D\}$,在给定以上三类模型参数的条件下,我们可以根据其概率生成过程写出文档中所有词语及其背后隐含的主题和情感属性的联合概率:

$$P(\boldsymbol{w}, \boldsymbol{l}, \boldsymbol{z} \mid \boldsymbol{\theta}, \boldsymbol{\pi}, \boldsymbol{\varphi}) = \prod_{i=1}^{D} \prod_{j=1}^{N_i} P(z_{ij}, l_{ij}, w_{ij} \mid \boldsymbol{\theta}_i, \boldsymbol{\pi}_{i,z_{ij}}, \boldsymbol{\varphi}_{z_{ij},l_{ij}})$$

$$= \prod_{i=1}^{D} \prod_{j=1}^{N_i} P(z_{ij} \mid \boldsymbol{\theta}_i) P(l_{ij} \mid \boldsymbol{\pi}_{i,z_{ij}}) \times$$

$$P(w_{ij} \mid \boldsymbol{\varphi}_{z_{ij},l_{ij}}) \tag{4-1}$$

　　与 3.2.2 节类似,本节同样用吉布斯抽样的方法对模型参数进行估计,借助迭代抽样构造满足细致平稳条件的马尔可夫链,使最终到达平稳状态的马尔可夫链的极限分布逼近待估计的参数后验分布。吉布斯抽样定义了马尔可夫链的状态转移过程,在利用吉布斯抽样对 RJST 模型进行参数估计的过程中,每一轮次迭代中都对涉及的隐变量(词语背后的主题和情感属性)进行抽取。例如,对于文档d_i中的第j个观测词语$w_{ij}=w$,在给定其他所有观测数据及相关隐变量的情况下,根据式(4-1)中的联合概率进行推导,我们得到以下条件概率来对其背后隐含的主题属性z_{ij}和情感属性l_{ij}进行抽取:

$$P(z_{ij}=z, l_{ij}=l \mid \boldsymbol{w}, \boldsymbol{l}_{-ij}, \boldsymbol{z}_{-ij})$$

$$\propto P(z_{ij}=z, l_{ij}=l, w_{ij}=w \mid \boldsymbol{w}_{-ij}, \boldsymbol{l}_{-ij}, \boldsymbol{z}_{-ij})$$

$$= P(z_{ij}=z \mid \boldsymbol{z}_{-ij}) \times P(l_{ij}=l \mid z_{ij}=z, \boldsymbol{z}_{-ij}, \boldsymbol{l}_{-ij}) \times$$

$$P(w_{ij}=w \mid z_{ij}=z, l_{ij}=l, \boldsymbol{z}_{-ij}, \boldsymbol{l}_{-ij}, \boldsymbol{w}_{-ij}) \qquad (4-2)$$

其中,下标(或上标)$-ij$ 代表从文档 d_i 对应的数据整体中排除第 j 个变量后的结果,例如,$\boldsymbol{z}_{-ij}=(z_{i1}, z_{i2}, \cdots, z_{i(j-1)}, z_{i(j+1)}, \cdots, z_{iN_i})$ 代表除开第 j 个词语的主题属性后的文档 d_i 的主题向量。在式(4-2)中,第一项代表抽取词语对应的主题属性的概率,通过对文档的主题分布参数求积分,可以对式(4-2)中的第一项进行求解:

$$P(z_{ij}=z \mid \boldsymbol{z}_{-ij}) = \int_{\boldsymbol{\theta}_i} P(z_{ij}=z \mid \boldsymbol{\theta}_i) P(\boldsymbol{\theta}_i \mid \boldsymbol{z}_{-ij}) \mathrm{d}\boldsymbol{\theta}_i \qquad (4-3)$$

其中,$P(\boldsymbol{\theta}_i \mid \boldsymbol{z}_{-ij})$ 为给定样本 $\boldsymbol{z}_{-ij}$ 下的主题分布参数 $\boldsymbol{\theta}_i$ 的后验分布,根据贝叶斯全概率公式,有 $P(\boldsymbol{\theta}_i \mid \boldsymbol{z}_{-ij}) \propto P(\boldsymbol{z}_{-ij} \mid \boldsymbol{\theta}_i) P(\boldsymbol{\theta}_i)$,其中,数据似然函数定义为

$$P(\boldsymbol{z}_{-ij} \mid \boldsymbol{\theta}_i) = \prod_{k=1, k \neq j}^{N_i} \mathrm{Multinomial}(z_{ik} \mid \boldsymbol{\theta}_i)$$

$$= \prod_{z=1}^{K} (\theta_{i,z})^{N_{i,z}^{-ij}} \qquad (4-4)$$

由于先验分布 $P(\boldsymbol{\theta}_i) = \mathrm{Dirichlet}(\boldsymbol{\theta}_i \mid \boldsymbol{\alpha})$ 为似然函数的共轭先验,容易推断得到 $\boldsymbol{\theta}_i$ 的后验概率分布也为 Dirichlet 分布:$P(\boldsymbol{\theta} \mid \boldsymbol{z}) = \mathrm{Dirichlet}(\boldsymbol{\theta} \mid \boldsymbol{n}_i^{-ij} + \boldsymbol{\alpha})$,其中 $\boldsymbol{n}_i$ 代表文档 d_i 中与 K 个主题属性相连的词语的计数向量:

$$\boldsymbol{n}_i = (N_{i,1}, N_{i,2}, \cdots, N_{i,K}) \qquad (4-5)$$

将上述后验概率代入式(4-3)中,可化解为

$$P(z_{ij}=z \mid \boldsymbol{z}_{-ij}) = \int_{\boldsymbol{\theta}_i} P(z_{ij}=z \mid \boldsymbol{\theta}_i) P(\boldsymbol{\theta}_i \mid \boldsymbol{z}_{-ij}) \mathrm{d}\boldsymbol{\theta}_i$$

$$= \int_{\boldsymbol{\theta}_i} P(z_{ij}=z \mid \boldsymbol{\theta}_i) \mathrm{Dirichlet}(\boldsymbol{\theta}_i \mid \boldsymbol{n}_i^{-ij} + \boldsymbol{\alpha}) \mathrm{d}\boldsymbol{\theta}_i$$

$$= \int_{\boldsymbol{\theta}_i} \theta_{i,z} \times \mathrm{Dirichlet}(\boldsymbol{\theta}_i \mid \boldsymbol{n}_i^{-ij} + \boldsymbol{\alpha}) \mathrm{d}\boldsymbol{\theta}_i$$

$$= E(\theta_{i,z} \mid \mathrm{Dirichlet}(\boldsymbol{\theta}_i \mid \boldsymbol{n}_i^{-ij} + \boldsymbol{\alpha}))$$

$$= \frac{N_{i,z}^{-ij} + \alpha_z}{N_i^{-ij} + \sum_{z'} \alpha_{z'}} \qquad (4-6)$$

其中,N_i 代表 d_i 中词语的总数;$N_{i,z}$ 代表 d_i 中对应主题属性为 z 的词语的总数,在此情况下,先验分布参数 α_z 可理解为 d_i 中与各个主题属性 z 相关的先验计数值。

式(4-2)中的第二项代表在给定词语的主题属性 $z_{ij}=z$ 下，抽取词语对应的情感属性的后验概率，根据类似的推断过程，可得到

$$
\begin{aligned}
P(l_{ij}=l \mid z_{ij}=z, \boldsymbol{z}_{-ij}, \boldsymbol{l}_{-ij}) &= \int_{\boldsymbol{\pi}_{i,z}} P(l_{ij}=l \mid \boldsymbol{\pi}_{i,z}) P(\boldsymbol{\pi}_{i,z} \mid \boldsymbol{z}_{-ij}, \boldsymbol{l}_{-ij}) \mathrm{d}\boldsymbol{\pi}_{i,z} \\
&= \int_{\boldsymbol{\pi}_{i,z}} \pi_{i,z,l} \times \mathrm{Dirichlet}(\boldsymbol{\pi}_{i,z} \mid \boldsymbol{n}_{i,z}^{-ij}+\boldsymbol{\gamma}_z) \mathrm{d}\boldsymbol{\pi}_{i,z} \\
&= E(\pi_{i,z,l} \mid \mathrm{Dirichlet}(\boldsymbol{\pi}_{i,z} \mid \boldsymbol{n}_{i,z}^{-ij}+\boldsymbol{\gamma}_z)) \\
&= \frac{N_{i,z,l}^{-ij}+\gamma_{z,l}}{N_{i,z}^{-ij}+\sum_{l'}\gamma_{z,l'}}
\end{aligned}
\tag{4-7}
$$

令计数向量 $\boldsymbol{n}_{i,z}=(N_{i,z,1},N_{i,z,2},\cdots,N_{i,z,S})$，其中 $N_{i,z,l}$ 代表 d_i 中对应主题属性为 z，情感属性为 l 的词语数量。在此情况下，先验参数 $\gamma_{z,l}$ 可理解为 d_i 中与主题属性 z、情感属性 l 相关的先验计数值。

同理，式(4-2)中的第三项代表在给定词语的主题属性 $z_{ij}=z$ 和情感属性 $l_{ij}=l$ 后，抽取单词 $w_{ij}=w$ 的后验概率：

$$
\begin{aligned}
&P(w_{ij}=w \mid z_{ij}=z, l_{ij}=l, \boldsymbol{z}_{-ij}, \boldsymbol{l}_{-ij}, \boldsymbol{w}_{-ij}) \\
&= \int_{\boldsymbol{\varphi}_{z,l}} P(w_{ij}=w \mid \boldsymbol{\varphi}_{z,l}) P(\boldsymbol{\varphi}_{z,l} \mid \boldsymbol{z}_{-ij}, \boldsymbol{l}_{-ij}, \boldsymbol{w}_{-ij}) \mathrm{d}\boldsymbol{\varphi}_{z,l} \\
&= \int_{\boldsymbol{\varphi}_{z,l}} \varphi_{z,l,w} \times \mathrm{Dirichlet}(\boldsymbol{\varphi}_{z,l} \mid \boldsymbol{n}_{z,l}^{-ij}+\boldsymbol{\beta}_{z,l}) \mathrm{d}\boldsymbol{\varphi}_{z,l} \\
&= E(\varphi_{z,l,w} \mid \mathrm{Dirichlet}(\boldsymbol{\varphi}_{z,l} \mid \boldsymbol{n}_{z,l}^{-ij}+\boldsymbol{\beta}_{z,l})) \\
&= \frac{N_{z,l,w}^{-ij}+\beta_{z,l,w}}{N_{z,l}^{-ij}+\sum_{w'}\beta_{z,l,w'}}
\end{aligned}
\tag{4-8}
$$

令计数向量 $\boldsymbol{n}_{z,l}=(N_{z,l,1},N_{z,l,2},\cdots,N_{z,l,V})$，其中 $N_{z,l,w}$ 代表数据集中词语 w 同时与主题属性 z、情感属性 l 相关联的次数，此外，$N_{z,l}$ 代表数据集中同时与主题属性 z、情感属性 l 相关联的词语总数。在此情况下，先验参数 $\beta_{z,l,w}$ 可理解为数据集中词语 w 同时与主题属性 z、情感属性 l 相关联的先验计数值。最后，将式(4-6)、式(4-7)和式(4-8)代入式(4-2)，得到 d_i 中词语 w_{ij} 对应的主题及情感属性的抽样概率为

$$
\begin{aligned}
&P(z_{ij}=z, l_{ij}=l \mid \boldsymbol{w}, \boldsymbol{l}_{-ij}, \boldsymbol{z}_{-ij}) \\
&\propto \frac{N_{i,z}^{-ij}+\alpha_z}{N_i^{-ij}+\sum_{z'}\alpha_{z'}} \times \frac{N_{i,z,l}^{-ij}+\gamma_{z,l}}{N_{i,z}^{-ij}+\sum_{l'}\gamma_{z,l'}} \times \frac{N_{z,l,w}^{-ij}+\beta_{z,l,w}}{N_{z,l}^{-ij}+\sum_{w'}\beta_{z,l,w'}}
\end{aligned}
\tag{4-9}
$$

式(4-9)中的抽样概率构成了吉布斯抽样算法中每一步迭代的核心,也定义了背后所构造的马尔可夫链的状态转移过程,当马尔可夫链运行足够长时间达到平稳状态后,此时用抽样得到的隐变量及观测数据作为样本对模型参数 θ、π、φ 进行估计,其后验分布的期望值如下:

$$
\begin{cases}
\hat{\theta}_{i,z} = \dfrac{N_{i,z} + \alpha_z}{N_i + \sum\limits_{z'} \alpha_{z'}} \\[3mm]
\hat{\pi}_{i,z,l} = \dfrac{N_{i,z,l} + \gamma_{z,l}}{N_{i,z} + \sum\limits_{l'} \gamma_{z,l'}} \\[3mm]
\hat{\varphi}_{z,l,w} = \dfrac{N_{z,l,w} + \beta_{z,l,w}}{N_{z,l} + \sum\limits_{w'} \beta_{z,l,w'}}
\end{cases}
\tag{4-10}
$$

最后,结合以上参数估计的推导结果,用吉布斯抽样对 RJST 模型进行参数估计的整个过程如算法 4.1 所示。

算法 4.1　RJST 模型的吉布斯抽样过程

    Input:数据集 $\{d_i, i = 1, 2, \cdots, D\}$,超参数 β、γ、α

    Output:模型参数 φ、π、θ 的估计值

1   随机初始化词语的主题/情感属性;

2   **for** Iteration $= 1, 2, \cdots, I$ **do**

3   **for** $d_i, i = 1, 2, \cdots, D$ **do**

4   **for** $w_{ij}, j = 1, 2, \cdots, N_i$ **do**

5   去除当前词语 w_{ij} 及其关联的情感属性和主题属性,更新相关计数值:
                $N_i^{-ij}, N_{i,z}^{-ij}, N_{i,z,l}^{-ij}, N_{z,l}^{-ij}, N_{z,l,w}^{-ij} \leftarrow N_i, N_{i,z}, N_{i,z,l}, N_{z,l}, N_{z,l,w}$;

6   根据式(4-9)中的抽样概率,抽取 w_{ij} 的情感属性和主题属性;

7   根据 w_{ij} 新抽取得到的情感属性和主题属性,更新相关计数值:
                $N_i, N_{i,z}, N_{i,z,l}, N_{z,l}, N_{z,l,w} \leftarrow N_i^{-ij}, N_{i,z}^{-ij}, N_{i,z,l}^{-ij}, N_{z,l}^{-ij}, N_{z,l,w}^{-ij}$;

8   **end**

9   **end**

10   **end**

11   根据式(4-10)估计模型参数 φ、π、θ。

4.3　线　上　监　测

4.2 节介绍了对线下的评论文本数据进行主题-情感联合建模,实现了对评论文本背后的主题及情感特征的表示学习。考虑到评论文本中的主题及情感信息直接反映了产品及服务过程的状态,我们希望利用该类数据对线上提供的产品及服务质量进行有效的评估和监测。

本节将根据评论文本中的主题及情感建模结果,设计合适并计算高效的监测方法来对线上的产品服务过程进行监测,使线上产品服务过程中发生的系统性异常变化可以被及时检测出来,并进一步帮助我们进行根源分析与问题诊断。本阶段主要针对的是统计过程控制中第二阶段的监测(phase Ⅱ monitoring),即假定受控状态下的模型参数已知或已经通过数据估计得到的情况下,用控制图对过程进行监测,尽快发现过程中评论文本主题和情感的变化,当监测指标超出特定范围时进行及时报警和诊断分析。

4.3.1　线上监测阶段的顺序概率生成模型

在线上监测阶段,本节以一天作为评论文本监测的时间单位,将第 i 天内某一产品的所有评论文本以文档的形式汇总成 d_i。本节沿用 4.2.1 节中介绍的文档的主题-情感表示方法,并以文档的主题-情感联合分布作为系统状态的表示向量。在此阶段,假设受控状态下的模型参数已知,包括评论文档的主题分布参数 $\theta^{(0)}$ 和情感分布参数 $\pi^{(0)}$。此外,在线上监测过程中,本节假定主题及情感在观测时间内并无概念上的定性变化[76-77],即各主题和情感下对应的词语分布保持固定,对应分布的参数 φ 已经通过线下对历史数据建模估计得到,在监测过程中视为已知。

本阶段主要考虑评论文档中主题及情感分布在时间轴上的定量变化过程[78],因该类型的变化直接反映了用户对产品及相关服务关注的质量维度的变化及对各维度下的情感倾向的变化。本阶段引入马尔可夫假设对每日文档进行动态的主题-情感建模,考虑到用户对主题及情感的讨论在时间轴上的自然演变过程,以及数据集中观测文档之间在时间上的自相关性,本节提出了一个适用于线上监测阶段的顺序概率生成模型(sequential reverse joint sentiment-topic,SRJST),对于每日观测得到的产品评论文本数据集 $\{d_i, i=1, 2, \cdots, D\}$,假设其受控情况下的概率生成过程如下(模型结构示例见图 4.2)。

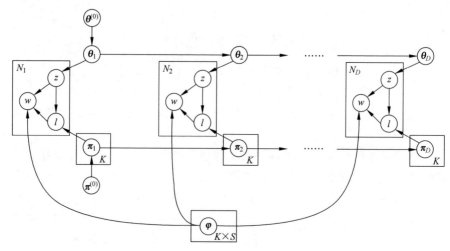

图 4.2　SRJST 模型概率结构

- 对于每个评论文档 d_i, $i=1,2,\cdots,D$:
  - ◆ 抽取其多项式主题分布的参数 $\theta_i \sim \text{Dirichlet}(\rho N_i \theta_{i-1})$。
  - ◆ 对于每个主题属性 $z \in \{1,2,\cdots,K\}$, 抽取文档在该主题属性下的多项式情感分布的参数 $\pi_{i,z} \sim \text{Dirichlet}(\rho N_i \theta_{i-1,z} \pi_{i-1,z})$。
  - ◆ 对 d_i 中的每个词语 w_{ij}, $j=1,2,\cdots,N_i$, 按照以下过程抽取:
    - ■ 抽取词语的主题属性 $z_{ij} \sim \text{Multinomial}(\theta_i)$。
    - ■ 根据主题 z_{ij}, 抽取词语的情感属性 $l_{ij} \sim \text{Multinomial}(\pi_{i,z_{ij}})$。
    - ■ 根据抽取好的主题属性 z_{ij} 和情感属性 l_{ij}, 从词汇表中抽取单词 $w_{ij} \sim \text{Multinomial}(\varphi_{z_{ij},l_{ij}})$。

　　每日文档的主题和情感分布在时间轴上形成一条马尔可夫链, 在此过程中, 令 $\theta^{(0)}$ 和 $\pi^{(0)}$ 作为第一天文档的主题和情感分布抽取的先验参数, 而接下来每一天文档的主题和情感分布都由前一天的主题和情感分布作为先验抽取, 服从马尔可夫假设。常数 ρ 代表先验知识在每一天训练过程中的占比, ρ 越大, 则每一天的主题和情感受前一天的影响程度就越大。

　　本节采用 4.2.2 节中介绍的吉布斯抽样的方法对每日评论文档 d_i 的主题及情感分布进行估计, 每一轮次迭代中都对涉及的隐变量(词语背后的主题和情感属性)进行抽取, 在迭代过程到达平稳状态后, 根据平稳状态下的样本得到待估计参数, 即每日文档主题分布参数 θ_i 和情感分布参数 π_i 的点估计。参考式(4-9), 在主题及情感对应的词语分布参数 φ 已知的条件

下,文档 d_i 中观测词语 $w_{ij}=w$ 对应的主题及情感属性的吉布斯抽样概率可表示为

$$P(z_{ij}=z, l_{ij}=l \mid w, \boldsymbol{l}_{-ij}, \boldsymbol{z}_{-ij})$$

$$\propto \frac{N_{i,z}^{-ij} + \alpha_{i,z}}{N_i^{-ij} + \sum\limits_{z'} \alpha_{i,z'}} \times \frac{N_{i,z,l}^{-ij} + \gamma_{i,z,l}}{N_{i,z}^{-ij} + \sum\limits_{l'} \gamma_{i,z,l'}} \times \varphi_{z,l,w} \tag{4-11}$$

其中,先验参数 $\alpha_{i,z}=\rho N_i \theta_{i-1,z}$,$\gamma_{i,z,l}=\rho N_i \theta_{i-1,z} \pi_{i-1,z,l}$。

当吉布斯抽样过程达到平稳状态后,用抽样得到的隐变量及观测数据作为样本对每日文档的主题分布参数 $\boldsymbol{\theta}_i$ 和情感分布参数 $\boldsymbol{\pi}_i$ 进行估计,其后验分布的期望值如下:

$$\begin{cases} \hat{\theta}_{i,z} = \dfrac{N_{i,z} + \alpha_{i,z}}{N_i + \sum\limits_{z'} \alpha_{i,z'}} = \dfrac{N_{i,z}}{N_i} \times \dfrac{1}{1+\rho} + \hat{\theta}_{i-1,z} \times \dfrac{\rho}{1+\rho} \\[4mm] \hat{\pi}_{i,z,l} = \dfrac{N_{i,z,l} + \gamma_{i,z,l}}{N_{i,z} + \sum\limits_{l'} \gamma_{i,z,l'}} \approx \dfrac{N_{i,z,l}}{N_{i,z}} \times \dfrac{1}{1+\rho} + \hat{\pi}_{i-1,z,l} \times \dfrac{\rho}{1+\rho} \end{cases}$$

$$\tag{4-12}$$

根据化简结果,式(4-12)中对 $\boldsymbol{\theta}$ 和 $\boldsymbol{\pi}$ 的点估计等价于文档中对应主题、情感下的计数比值在时间上的指数加权移动平均值(EWMA),其中 $1/(1+\rho)$ 可视为 EWMA 中的平滑系数 λ,根据经验可设置为 0.3。

4.3.2　控制图

根据 4.3.1 节中的模型估计结果,每日评论文档的状态可由其背后的主题及情感分布表示,其中,文档 d_i 中每个词语的主题属性 z 和情感属性 l 都可以通过以下变点模型产生:

$$z, l \overset{\text{i.i.d.}}{\sim} \begin{cases} P(z, l \mid \boldsymbol{\theta}^{(0)}, \boldsymbol{\pi}^{(0)}), & i=1,2,\cdots,\tau \\ P(z, l \mid \boldsymbol{\theta}^{(1)}, \boldsymbol{\pi}^{(1)}), & i=\tau+1,\tau+2,\cdots \end{cases} \tag{4-13}$$

其中,τ 代表系统状态发生变化的时间点;$\boldsymbol{\theta}^{(0)}$ 和 $\boldsymbol{\theta}^{(1)}$ 分别代表受控和失控状态下的文档主题分布参数;而 $\boldsymbol{\pi}^{(0)}$ 和 $\boldsymbol{\pi}^{(1)}$ 分别代表受控和失控状态下的文档情感分布参数。过程中系统的状态变化可能发生在文档的主题分布参数 $\boldsymbol{\theta}$ 或情感分布参数 $\boldsymbol{\pi}$ 下,因此,为了检测 i 时刻的过程状态,需要进行如下假设检验:

$$\begin{cases} H_0: \boldsymbol{\theta}_i = \boldsymbol{\theta}^{(0)} \wedge \boldsymbol{\pi}_i = \boldsymbol{\pi}^{(0)} \\ H_1: \boldsymbol{\theta}_i \neq \boldsymbol{\theta}^{(0)} \vee \boldsymbol{\pi}_i \neq \boldsymbol{\pi}^{(0)} \end{cases} \tag{4-14}$$

为了进行该假设检验,需要对文档主题-情感联合概率分布在受控状态与实际监测状态之间的距离进行定义和估计。已有文献中对概率分布之间的距离定义有多种[112-113],其中 KL 距离(Kullback-Leibler divergence)[114]是在信息领域应用最广泛的一种基于概率分布的距离度量。KL 距离定义了相同事件空间里的两个概率分布的差异情况:

$$D_{\mathrm{KL}}(P(x),P_0(x)) = \sum_{x \in X} P(x)\ln \frac{P(x)}{P_0(x)} \tag{4-15}$$

当且仅当两个概率分布 $P(x)$ 和 $P_0(x)$ 完全相等时,它们的 KL 距离为 0。当对多项式分布求 KL 距离时,它们满足以下性质[114]。

引理 4.1 设 $P(x)$ 是一个 c 维的多项式分布,且 $\hat{P}(x)$ 是根据 N 个样本得到的该多项式分布的估计结果,则 $P(x)$ 和 $\hat{P}(x)$ 之间的 KL 距离满足如下关系:

$$2N \times D_{\mathrm{KL}}(\hat{P}(x),P(x)) \longrightarrow \sum_{x \in X} \frac{(n(x)-NP(x))^2}{NP(x)} \sim \chi^2_{c-1} \tag{4-16}$$

其中,$n(x)$ 是样本中类别 x 的计数,有 $\hat{P}(x)=n(x)/N$。

引理 4.1 中的统计量和已有文献中用于监测多项式分布的卡方统计量[115]是等价的,因此常用于监测含分类型变量的连续过程[116]。根据引理 4.1 中的性质,可用以下基于 KL 距离的检验统计量来监测评论中主题及情感的变化:

$$Q_i = 2N_i \times D_{\mathrm{KL}}(P(z,l \mid \hat{\boldsymbol{\theta}}_i,\hat{\boldsymbol{\pi}}_i),P(z,l \mid \boldsymbol{\theta}^{(0)},\boldsymbol{\pi}^{(0)}))$$

$$= 2N_i \times \sum_{z=1}^{K} \sum_{l=1}^{S} P(z,l \mid \hat{\boldsymbol{\theta}}_i,\hat{\boldsymbol{\pi}}_i)\ln \frac{P(z,l \mid \hat{\boldsymbol{\theta}}_i,\hat{\boldsymbol{\pi}}_i)}{P(z,l \mid \boldsymbol{\theta}^{(0)},\boldsymbol{\pi}^{(0)})} \tag{4-17}$$

在满足式(4-14)中原假设的条件下,即当过程处于受控状态时,该检验统计量应渐进服从自由度为 $KS-1$ 的卡方分布,据此,可以确定假设检验的拒绝域和相关控制图的上控制界(upper control limit,UCL),从而对系统的状态进行监测。而在实际监测中,考虑到用于参数估计的样本来自吉布斯抽样的结果,不满足独立条件,因此导致检验统计量 Q_i 的真实分布更加复杂,所以在实际监测中,控制图的控制界 L 往往根据受控样本的经验分布来确定,一般选定受控状态下的一类错误 α,并根据 $P(Q_i>L) \leqslant \alpha$ 通过仿真实验选定检验统计量的控制界 L(详细过程见附录),当 $Q_i>L$ 时,触发报警信号,上述控制图命名为 SRJST 控制图。综上所述,SRJST 控制图的运行过程如算法 4.2 所示。

算法 4.2　基于 SRJST 控制图的线上监测流程

Input：观测数据集 $\{d_i, i=1,2,\cdots,D\}$，$\boldsymbol{\pi}^{(0)}$，$\boldsymbol{\theta}^{(0)}$，$\boldsymbol{\varphi}$，平滑系数 ρ，控制界 L

Output：每日评论的监视统计量 Q_i

1　**for** $d_i, i=1,2,\cdots,D$ **do**

2　　随机初始化 d_i 中词语的主题属性和情感属性；

　　　/ ∗ 吉布斯抽样估计 d_i 背后的主题及情感分布　　　　　　　∗ /

3　　**for** Iteration$=1,2,\cdots,I$ **do**

4　　　**for** $w_{ij}, j=1,2,\cdots,N_i$ **do**

5　　　　去除当前词语 w_{ij} 及它关联的情感属性和主题属性，更新相关计数值：

　　　　　$N_i^{-ij}, N_{i,z}^{-ij}, N_{i,z,l}^{-ij} \longleftarrow N_i, N_{i,z}, N_{i,z,l}$；

6　　　　根据式(4-11)中的抽样概率，抽取 w_{ij} 的主题属性和情感属性；

7　　　　根据 w_{ij} 新抽取得到的主题属性和情感属性，更新相关计数值：

　　　　　$N_i, N_{i,z}, N_{i,z,l} \longleftarrow N_i^{-ij}, N_{i,z}^{-ij}, N_{i,z,l}^{-ij}$；

8　　　**end**

9　　**end**

10　根据式(4-12)估计 d_i 的参数 $\boldsymbol{\theta}_i$、$\boldsymbol{\pi}_i$；

　　　/ ∗ 利用控制图进行监测　　　　　　　　　　　　　　　∗ /

11　根据式(4-17)，计算检验统计量 Q_i；

12　**if** $Q_i > L$ **then**

13　　触发报警信号；

14　**end**

15　**end**

此外，当系统触发异常信号时，下一步就是对检测到的异常背后的根源进行诊断追溯，例如，通过诊断发现具体是产品及服务的哪个方面发生了情感偏移，有助于帮助商家采取对应的整改措施，提升产品及服务质量。在诊断方面，KL 距离在多项式分布上具有可分解的较好性质，可以帮助我们进行系统失控原因的诊断分析。例如，通过对文档主题和情感的联合概率分布进行分解，式(4-17)中的检验统计量可以进一步分解为几个独立的统计量：

$$Q_i = 2N_i \times \sum_{z=1}^{K} \sum_{l=1}^{S} P(z,l \mid \hat{\boldsymbol{\theta}}_i, \hat{\boldsymbol{\pi}}_i) \ln \frac{P(z,l \mid \hat{\boldsymbol{\theta}}_i, \hat{\boldsymbol{\pi}}_i)}{P(z,l \mid \boldsymbol{\theta}^{(0)}, \boldsymbol{\pi}^{(0)})}$$

$$
\begin{aligned}
&= 2N_i \times \left(\sum_{z=1}^{K} P(z \mid \hat{\boldsymbol{\theta}}_i) \ln \frac{P(z \mid \hat{\boldsymbol{\theta}}_i)}{P(z \mid \boldsymbol{\theta}^{(0)})} + \sum_{z=1}^{K} P(z \mid \hat{\boldsymbol{\theta}}_i) \times \right. \\
&\qquad \left. \sum_{l=1}^{S} P(l \mid \hat{\boldsymbol{\pi}}_{i,z}) \ln \frac{P(l \mid \hat{\boldsymbol{\pi}}_{i,z})}{P(l \mid \boldsymbol{\pi}_z^{(0)})} \right) \\
&= 2N_i \times D_{\mathrm{KL}}(P(z \mid \hat{\boldsymbol{\theta}}_i), P(z \mid \boldsymbol{\theta}^{(0)})) + \\
&\qquad \sum_{z=1}^{K} 2N_i P(z \mid \hat{\boldsymbol{\theta}}_i) \times D_{\mathrm{KL}}(P(l \mid \hat{\boldsymbol{\pi}}_{i,z}), P(l \mid \boldsymbol{\pi}_z^{(0)})) \\
&= R_i + \sum_{z=1}^{K} U_{i,z}
\end{aligned}
\tag{4-18}
$$

其中,第一部分 $R_i = 2N_i \times D_{\mathrm{KL}}(P(z \mid \hat{\theta}_i), P(z \mid \boldsymbol{\theta}^{(0)}))$ 可用于监视过程中主题分布参数 $\boldsymbol{\theta}$ 的变化,第二部分中,每一项 $U_{i,z} = 2N_i P(z \mid \hat{\theta}_i) \times D_{\mathrm{KL}}(P(l \mid \hat{\pi}_{i,z}), P(l \mid \pi_z^{(0)}))$ 可用于监视过程中每个主题 z 下情感分布参数 $\boldsymbol{\pi}_z$ 的变化。通过以上分解,我们可以对系统性影响因素的来源进行诊断分析,推断是由主题还是由某个主题下的情感的概率分布变化导致的系统状态变化。

4.4　对比监测方法

本章从现有的评论文本主题-情感联合模型 RJST 出发,通过构建一个适用于线上监测流程的 SRJST 模型,对每日搜集的评论文本进行主题和情感参数估计,并设计了一个基于评论文本参数估计结果的在线监测方法(SRJST 控制图)。从评论文本在线监测的角度出发,一个自然的对比方法是直接利用 RJST 模型对线上每日搜集的评论文档进行参数估计,并基于参数估计的结果设计检验统计量监测过程状态。因此,本节将介绍直接基于 RJST 模型的控制图及其 EWMA 版本,并作为对比监测方法。

4.4.1　RJST 控制图

在对比方法的线上监视过程中,本节同样假设文档受控情况下的主题分布参数 $\boldsymbol{\theta}^{(0)}$ 和情感分布参数 $\boldsymbol{\pi}^{(0)}$ 已知,并使用线下历史数据训练得到的词语分布参数 $\boldsymbol{\varphi}$ 表征评论文本中的主题和情感特征。在对每日评论文档集合 $\{d_i, i = 1, 2, \cdots, D\}$ 进行主题及情感参数的估计时,RJST 模型忽略前后文档之间的时间相关性,对单日搜集的评论文本进行单独估计。该模型中,设

定其每日文档 d_i 的主题分布的先验参数 $\boldsymbol{\alpha}_i = 0.05N_i\boldsymbol{\theta}^{(0)}$，$d_i$ 中主题 z 对应的情感分布的先验参数 $\boldsymbol{\gamma}_{i,z} = 0.05N_i\boldsymbol{\theta}_z^{(0)}\boldsymbol{\pi}_z^{(0)}$，即，令受控情况下的参数值作为每日文档分布的先验参数，且先验知识的占比约为观测样本量的 0.05，与文献[61]中的设置一致。

根据以上参数设置，本节同样通过吉布斯抽样的方法对每日文档的主题分布参数 $\boldsymbol{\theta}_i$ 和情感分布参数 $\boldsymbol{\pi}_i$ 进行估计，其后验分布的期望值如下（以下公式中用上标"'"作为区分）：

$$
\begin{cases}
\hat{\theta}'_{i,z} = \dfrac{N_{i,z} + \alpha_{i,z}}{N_i + \sum\limits_{z'} \alpha_{i,z'}} = \dfrac{N_{i,z} + 0.05N_i\theta_z^{(0)}}{N_i + \sum\limits_{z'} 0.05N_i\theta_{z'}^{(0)}} \\
\qquad = \dfrac{N_{i,z}}{N_i} \times \dfrac{1}{1.05} + \theta_z^{(0)} \times \dfrac{0.05}{1.05} \\[2ex]
\hat{\pi}'_{i,z,l} = \dfrac{N_{i,z,l} + \gamma_{i,z,l}}{N_{i,z} + \sum\limits_{l'} \gamma_{i,z,l'}} = \dfrac{N_{i,z,l} + 0.05N_i\theta_z^{(0)}\pi_{z,l}^{(0)}}{N_{i,z} + \sum\limits_{l'} 0.05N_i\theta_z^{(0)}\pi_{z,l'}^{(0)}} \\
\qquad \approx \dfrac{N_{i,z,l}}{N_{i,z}} \times \dfrac{1}{1.05} + \pi_{z,l}^{(0)} \times \dfrac{0.05}{1.05}
\end{cases}
\tag{4-19}
$$

基于上述公式中的参数估计结果，本节同样使用以下基于 KL 距离的检验统计量来监测评论中主题及情感的变化：

$$
\begin{aligned}
Q'_i &= 2N_i \times D_{KL}(P(z,l \mid \hat{\boldsymbol{\theta}}'_i, \hat{\boldsymbol{\pi}}'_i), P(z,l \mid \boldsymbol{\theta}^{(0)}, \boldsymbol{\pi}^{(0)})) \\
&= 2N_i \times \sum_{z=1}^{K} \sum_{l=1}^{S} P(z,l \mid \hat{\boldsymbol{\theta}}'_i, \hat{\boldsymbol{\pi}}'_i) \ln \frac{P(z,l \mid \hat{\boldsymbol{\theta}}'_i, \hat{\boldsymbol{\pi}}'_i)}{P(z,l \mid \boldsymbol{\theta}^{(0)}, \boldsymbol{\pi}^{(0)})}
\end{aligned}
\tag{4-20}
$$

对应地，通过设置受控状态下的一类错误，本节利用仿真实验确定上述检验统计量的上控制界 L'，当 $Q' > L'$ 时，触发报警信号，上述控制图命名为 RJST 控制图。

4.4.2　RJST-EWMA 控制图

上文介绍的 RJST 控制图中，每日评论文档的参数估计结果在时间轴上互相独立，因此根据其参数估计结果所提出的检验统计量也仅基于当日数据。为了加强 RJST 控制图对评论文本中较小偏移的监测效果，本节进一步提出 RJST 控制图的 EWMA 版本，对每日文档的主题和情感估计参数进行如下指数加权移动平滑计算（以下公式中用上标""作为区分）：

$$\begin{cases} \hat{\theta}''_{i,z} = \lambda \dfrac{N_{i,z}}{N_i} + (1-\lambda)\hat{\theta}''_{i-1,z} \\[3mm] \hat{\pi}''_{i,z,l} = \lambda \dfrac{N_{i,z,l}}{N_{i,z}} + (1-\lambda)\hat{\pi}''_{i-1,z,l} \end{cases} \tag{4-21}$$

其中,λ 为平滑系数,与 SRJST 模型中 $1/(1+\rho)$ 的作用相同。式(4-21)与式(4-12)中 SRJST 模型的参数估计结果在形式上十分类似,但训练过程不同。SRJST 模型的参数估计中所依赖的隐变量计数值(如 $N_{i,z}$ 和 $N_{i,z,l}$)皆来自算法 4.2 中的吉布斯抽样结果,服从文档在时间轴上的马尔可夫假设;而式(4-21)中的计数值 $N_{i,z}$ 和 $N_{i,z,l}$ 则来自算法 4.1 中 RJST 模型下的吉布斯抽样结果,在时间轴上的取值彼此独立。据此,本节同样使用以下基于 KL 距离的检验统计量:

$$Q''_i = 2N_i \times D_{KL}(P(z,l \mid \hat{\theta}''_i, \hat{\pi}''_i), P(z,l \mid \theta^{(0)}, \pi^{(0)}))$$

$$= 2N_i \times \sum_{z=1}^{K} \sum_{l=1}^{S} P(z,l \mid \hat{\theta}''_i, \hat{\pi}''_i) \ln \frac{P(z,l \mid \hat{\theta}''_i, \hat{\pi}''_i)}{P(z,l \mid \theta^{(0)}, \pi^{(0)})} \tag{4-22}$$

并同样通过仿真实验,根据相同的受控状态下一类错误的设定,确定上述统计量的上控制界 L'',当 $Q'' > L''$ 时,触发报警信号,将上述控制图命名为 RJST-EWMA 控制图。此外,根据 KL 距离在多项式分布上的可分解性,我们同样可以对 RJST 和 RJST-EWMA 控制图的检验统计量进行分解,得到用于表征主题及各主题下情感偏移的独立统计量,用于诊断追溯异常信号背后的变异源。

4.5　案例分析

本节主要以从京东商城爬取得到的评论文本数据集为例,对上文介绍的评论文本建模与监测方法的有效性进行评估。在线下建模环节,本节搜集了 2016 年在京东商城上与"保温杯"产品相关的约 47 000 条用户评论,并用 4.3.1 节中介绍的 RJST 模型对单条评论构成的评论文档进行主题和情感信息的特征提取,估计得到评论数据集中各主题及情感类别对应的词语分布参数 $\hat{\varphi}$。在此过程中,本节选定主题数量 $K=3$ 及各主题下的情感类别数量 $S=2$(正向和负向),并参照已有文献[61]中的方法设定模型中的超参数。图 4.3 展示了各个主题及情感类别下根据对应词语分布 $\hat{\varphi}$ 获取的高频词,这些高频词可以帮助我们理解模型提取得到的主题及情感特征。例如,根据图中 3 个主题对应的高频词,可推断出 3 个主题分别涵盖了以下与产品及服务相关的维度:京东商城的服务水平(包括快递、客服等方面)、产品的外观、产品的功能(尤其是保温杯的保温功能等)。

主题	正向	负向
主题1	很好 (nice) 满意 (satisfied) 物流 (logistics) 京东 (JingDong) 很快 (fast) 好评 (favourable comment) 快递 (express delivery) 速度 (speed) 给力 (awesome) 包装 (packaging)	京东 (JingDong) 就是 (however) 没有 (not/no) 快递 (express delivery) 收到 (receive) 客服 (customer service) 破 (broken) 已经 (already) 很慢 (slow) 一直 (always)
主题2	喜欢 (like) 杯子 (bottle) 好看 (beautiful) 挺好 (nice) 很漂亮 (pretty) 质量 (quality) 颜色 (color) 质量很好 (excellent quality) 大小 (size) 包装 (packaging)	就是 (however) 有点 (a bit) 盖子 (lid) 小 (small) 感觉 (feel) 味道 (smell) 一般 (not bad) 质量 (quality) 杯盖 (lid) 想象 (imagine)
主题3	不错 (nice) 保温 (heat preservation) 可以 (okay) 挺好 (quite good) 效果 (effect) 喜欢 (like) 质量 (quality) 效果很好 (effective) 满意 (satisfied) 效果好 (effective)	保温 (heat preservation) 热水 (hot water) 晚上 (at night) 效果 (effect) 烫 (burn) 小时 (hours) 早上 (in the morning) 第二天 (the next day) 热 (hot) 就是 (however)

图 4.3　各主题及情感类别下的高频词

在线上监测环节,本节以一天作为评论文本监测的时间单位,并根据一段平稳时间内受控情况下的历史样本估计得到系统受控状态下的参数 $\theta^{(0)}$ 和 $\pi^{(0)}$。由于 SRJST 控制图和 RJST-EWMA 控制图都具有平滑效果,因此为保证不同方法的可比性,本节令两种方法的平滑程度一致,即 $\lambda = 1/(1+\rho) = 0.3$。此外,本节对受控状态下的历史样本进行自助法采样,并通过仿真运行的方法确定各个控制图的上控制界,使各控制图在受控情况下的平均运行链

长 $ARL_0 = 370$，此时受控情况下各控制图的误报警率(一类错误)约为 0.0027。

按照算法 4.2 中展示的 SRJST 控制图的监测流程，本节对从 2016 年 10 月 1 日到 2016 年 11 月 9 日之间一段连续时间(40 天)内每日搜集得到的评论文本进行第二阶段的线上监测，其他两种监测方法的流程也与之一致。图 4.4 展示了 40 天内各控制图的监测结果，其中，SRJST 控制图和 RJST-EWMA 控制图分别在第 22 天和第 21 天触发报警信号，而 RJST 控制图在第 34 天才触发报警信号。此外，我们对触发报警的因素进行诊断，发现触发异常信号的因素与评论中主题三"保温杯的保温功能"所对应的讨论占比增多，以及对应主题下的负向情感比例增多有关，直观来看，这与日渐寒冷的天气因素密不可分，随着气候变冷，保温效果在消费者眼中的受重视程度逐渐变高，而产品在寒冷气候条件下的保温性能也可能出现更多质量问题，从而引发用户的抱怨。

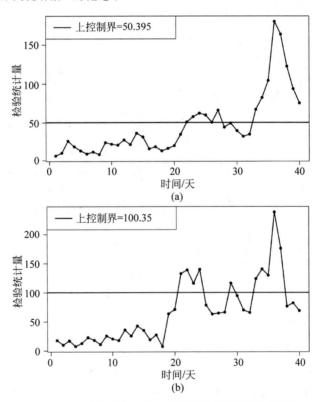

图 4.4 不同控制图对京东商城评论数据的监测结果

(a) SRJST 控制图；(b) RJST-EWMA 控制图；(c) RJST 控制图

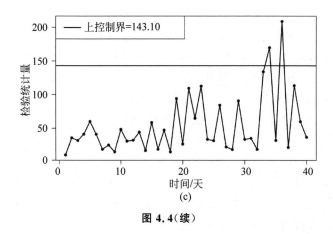

图 4.4（续）

4.6 数值实验

为了进一步验证本章提出的评论监测方法的有效性,本节利用仿真生成的评论数据,测试本章中提出的 SRJST 控制图在发生不同程度的主题及情感偏移时的监测和诊断效果,并与其他方法进行对比。本节根据已知参数和 4.2.1 节中的文档生成过程人为生成评论文本数据集,其中,设定主题数量 $K=3$ 和情感数量 $S=2$,并采用从 4.5 节中线下训练得到的京东保温杯数据集的词语分布的经验参数 φ。模型受控情况下的主题及情感联合概率分布 $P_0(z,l)=\theta_z^{(0)}\pi_{z,l}^{(0)}$ 和失控情况下的联合分布 $P_1(z,l)=\theta_z^{(1)}\pi_{z,l}^{(1)}$ 之间的偏移程度用 KL 距离度量。

4.6.1 监测效果

首先,实验测试所提出的 SRJST 控制图及其他对比控制图在不同的情感与主题分布偏移下的监测效果,主要采用平均运行链长(ARL)作为控制图监测效果的评估指标,该指标代表控制图在首次超出控制界限,触发报警信号之前的平均运行的监测时长。当异常出现时,系统状态发生变化,我们希望能够尽快监测到异常信号,此时 ARL 越短,说明控制图的监测效果越好。本研究通过仿真调整各控制图的控制界,使所有方法在受控情况下的平均运行链长 $\mathrm{ARL}_0=370$,此时对应的一类错误概率约为 0.0027。之后,实验中以各控制图在失控情况下的平均运行链长 ARL_1 作为评价控制图效果的直接指标,即在 ARL_0 相同的条件下,ARL_1 越小的方法能够相对更快检验出参数分布的偏移，对应的监测效果更好。

一方面，本节考虑系统在评论文本的主题分布参数 θ 上的偏移，该类型的偏移常常反映了用户对产品及服务不同维度的关注点的变化，能够帮助商家判断、辨别重要的质量维度。表 4.2 展示了在不同的主题偏移程度下的监测结果，其中系统状态的偏移程度由受控及失控条件下的分布间 KL 距离来度量，为保证实验结果的可靠性，每一个 ARL 值都是根据至少 10 000 次实验的结果计算得到的平均值，括号中展示了它对应的标准差，每个实验场景下的最优结果在表中加粗显示。

根据表 4.2 中的对比结果，可观察到：①在系统分布发生微小偏移时（见序号 1、2、3 对应的结果），SRJST 控制图优于另外两种控制图，此时根据 ARL 结果对三种监测方法的优劣排序为 SRJST＞RJST-EWMA＞RJST；②当系统分布发生中等程度的偏移时（见序号 4、5、6、7 对应的结果），RJST-EWMA 控制图优于另外两种控制图，此时根据 ARL 结果对三种监测方法的优劣排序为 RJST-EWMA＞SRJST＞RJST；③当系统分布发生较大程度的偏移时（见序号 8、9 对应的结果），RJST 控制图优于另外两种控制图，此时根据 ARL 结果对三种监测方法的优劣排序为 RJST＞RJST-EWMA＞SRJST。

表 4.2   不同监测方法在主题分布偏移下的 ARL 结果

序号	KL 距离	主题分布参数 θ	SRJST	RJST-EWMA	RJST
0	0（受控）	(0.292,0.310,0.398)	369.4(3.686)	370.0(3.719)	369.0(3.721)
1	0.000 129	(0.302,0.310,0.388)	**129.5(1.007)**	159.5(1.503)	300.4(2.986)
2	0.000 289	(0.307,0.310,0.383)	**63.02(0.424)**	78.13(0.636)	231.0(1.979)
3	0.000 513	(0.312,0.310,0.378)	**35.32(0.262)**	41.79(0.320)	172.8(1.650)
4	0.001 151	(0.322,0.310,0.368)	15.91(0.070)	**15.37(0.086)**	85.51(0.786)
5	0.002 043	(0.332,0.310,0.358)	9.776(0.029)	**8.164(0.035)**	41.38(0.367)
6	0.003 186	(0.342,0.310,0.348)	7.065(0.026)	**5.366(0.023)**	21.12(0.163)
7	0.007 147	(0.367,0.310,0.323)	4.256(0.011)	**2.998(0.010)**	5.119(0.046)
8	0.012 689	(0.392,0.310,0.298)	3.136(0.007)	2.179(0.005)	**2.041(0.015)**
9	0.051 441	(0.492,0.310,0.198)	1.859(0.004)	1.025(0.002)	**1.000(0.000)**

另一方面，考虑系统在某一主题类别 z 下对应的情感分布参数 π_z 的偏移，该类型的偏移常常对应评论中用户对产品及服务某一质量维度的情感变化，直接反映了用户感知的产品及服务质量的好坏。以主题类别 $z=3$ 下的情感分布 π_3 的偏移为例，本节依旧用 KL 距离度量过程分布的偏移程

度,表 4.3 展示了在不同情感分布偏移程度下的监测结果,其中每一个 ARL 值都是根据至少 10 000 次实验的结果计算得到的平均值,括号中展示了它对应的标准差。可以看到,在监测评论中的情感分布的偏移时,不同监测方法的对比结果与上文中监测主题偏移时的结果一致:①在系统分布发生微小偏移时(见序号 1、2、3、4 对应的结果),SRJST 控制图优于另外两种控制图,此时根据 ARL 结果对三种监测方法的优劣排序为 SRJST＞RJST-EWMA＞RJST;②当系统分布发生中等程度的偏移时(见序号 5、6、7 对应的结果),RJST-EWMA 控制图优于另外两种控制图,此时根据 ARL 结果对三种监测方法的优劣排序为 RJST-EWMA＞SRJST＞RJST;③当系统分布发生较大程度的偏移时(见序号 8、9 对应的结果),RJST 控制图优于另外两种控制图,此时根据 ARL 结果对三种监测方法的优劣排序为 RJST＞RJST-EWMA＞SRJST。

表 4.3 不同监测方法在情感分布偏移下的 ARL 结果

序号	KL 距离	情感分布 π_3	SRJST	RJST-EWMA	RJST
0	0(受控)	(0.640, 0.360)	369.4(3.686)	370.0(3.719)	369.0(3.721)
1	0.000 149	(0.620, 0.380)	**132.0(1.236)**	176.9(1.717)	309.4(3.041)
2	0.000 334	(0.610, 0.390)	**57.36(0.467)**	84.28(0.793)	253.1(2.201)
3	0.000 591	(0.600, 0.400)	**29.26(0.154)**	40.52(0.342)	190.0(1.848)
4	0.001 322	(0.580, 0.420)	**12.15(0.045)**	13.34(0.092)	96.99(0.957)
5	0.002 336	(0.560, 0.440)	7.341(0.029)	**6.968(0.036)**	43.70(0.402)
6	0.003 632	(0.540, 0.460)	5.266(0.017)	**4.646(0.019)**	20.54(0.158)
7	0.008 085	(0.490, 0.510)	3.218(0.008)	**2.637(0.007)**	4.125(0.036)
8	0.014 271	(0.440, 0.560)	2.368(0.005)	2.011(0.004)	**1.593(0.010)**
9	0.057 470	(0.240, 0.760)	1.134(0.003)	1.002(0.000)	**1.000(0.000)**

结合三种方法的监测流程及监测效果,本书认为,上述观察结果与三种监测方法在时间上的平滑水平相关。SRJST 和 RJST-EWMA 两种控制图的监视统计量在时间上都具有指数加权移动平滑的效果,而 RJST 控制图中的统计量只反映了当日的系统状态,因此,SRJST 和 RJST-EWMA 两种控制图对系统状态分布发生的较小及中等程度的偏移更加敏感。此外,对比 SRJST 和 RJST-EWMA 两种控制图,前者对系统状态的建模估计引入了时间自相关性,更有助于异常信号在时间上的累加,即使是微小的异常信号也可以通过累加从随机波动中区分出来,因此更有助于对微小异常信号进行检测。

4.6.2　诊断效果

本章通过对 KL 距离在多项式分布上进行分解,可以将监测统计量分解为多个独立的统计量,各自表征系统主题分布参数及各主题类别下情感分布参数的变化程度,帮助对真正出现偏移的参数进行诊断溯源。以本节中的仿真数据集为例,监测统计量 Q_i 可以分解为:$Q_i = R_i + U_{i,1} + U_{i,2} + U_{i,3}$,其中 R_i 可用于检测评论主题分布 $\boldsymbol{\theta}$ 的变化程度,$U_{i,z}$, $z \in \{1,2,3\}$ 可用于检测评论在各个主题类别 z 下的情感分布 $\boldsymbol{\pi}_z$ 的变化程度。当系统触发报警信号时,下一步就是对分解的各个统计量进行检验,发现最有可能出现异常的参数。

我们可以通过仿真验证各独立统计量和变异参数的对应关系。例如,图 4.5 展示了在只有主题分布参数 $\boldsymbol{\theta}$ 发生偏移时,各独立检验统计量随偏移程度的变化情况。可以看到,随着主题分布偏移程度的增大,对应的监测统计量 R_i 也明显增大,而其余统计量几乎保持不变,使得在联合检验统计量 Q_i 中,R_i 的占比及贡献程度显著增加,这一结果证实了各独立检验统计量对特定变异参数的检测效果。

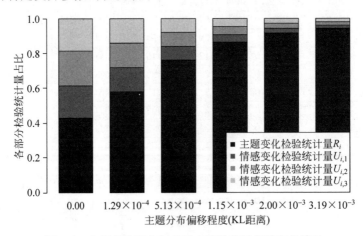

图 4.5　主题分布变化下各独立检验统计量的变化情况

仿真实验中假设只存在单一变异源,即只有一个主题或情感分布的参数发生偏移,并将增长比例最大的独立统计量所对应的分布参数判断为变异源。我们以诊断的准确率作为评价指标,其中表 4.4 和表 4.5 分别展示各监测方法在单一变异源为主题分布 $\boldsymbol{\theta}$ 和情感分布 $\boldsymbol{\pi}_3$ 时的诊断准确率,即变异源被正确判别的概率,其中系统分布的偏移程度用 KL 距离度量,每个准确率的计算都基于至少 1000 个实验样本。

表 4.4　不同监测方法在单一变异源为主题分布 θ 时的诊断准确率

序号	KL 距离	变异主题分布 $\theta^{(1)}$	SRJST	RJST-EWMA	RJST
1	0.000 129	(0.302,0.310,0.388)	**0.824**	0.814	0.686
2	0.000 513	(0.312,0.310,0.378)	**0.961**	0.936	0.760
3	0.001 151	(0.322,0.310,0.368)	**0.977**	0.973	0.880
4	0.002 043	(0.332,0.310,0.358)	**0.989**	**0.989**	0.929
5	0.003 186	(0.342,0.310,0.348)	**0.998**	0.995	0.961

表 4.5　不同监测方法在单一变异源为情感分布 π_3 时的诊断准确率

序号	KL 距离	变异情感分布 $\pi_3^{(1)}$	SRJST	RJST-EWMA	RJST
1	0.000 149	(0.620,0.380)	**0.539**	0.408	0.145
2	0.000 591	(0.600,0.400)	**0.869**	0.769	0.361
3	0.001 322	(0.580,0.420)	**0.960**	0.923	0.570
4	0.002 336	(0.560,0.440)	**0.986**	0.970	0.722
5	0.003 632	(0.540,0.460)	**0.989**	**0.989**	0.860

表 4.4 和表 4.5 中的结果表明：①随着系统分布的偏移程度增大，所有监测方法的诊断准确率都得到了提升；②在同样的偏移程度下，当变异源为主题分布时，诊断准确率更高，该结果说明主题分布的偏移更容易被模型辨认，本书认为，该结果与主题-情感联合建模的层级结构设定有关，因模型中假设主题层在情感层之上，即情感是依赖主题的，因此模型更容易辨别出上层的参数变化；③在三种监测方法的对比中，SRJST 控制图对各独立检验统计量的估计最精准，也因此能够实现最好的诊断效果，根据诊断准确率对三种监测方法的优劣排序为 SRJST＞RJST-EWMA＞RJST。

4.7　本章小结

本章提出了一个基于线上评论文本数据的产品服务过程质量评估和监测的通用框架。如图 4.6 中的结构框图所示，研究主要分为线下建模和线上监测两个阶段：其中线下阶段旨在对评论文本背后隐藏的主题和情感特征进行抽取，该类特征用线下训练得到的各主题和情感属性下的词语分布参数 φ 表示；在线上监测阶段，利用 SRJST 模型对每日获取的评论文本进行分析量化和状态估计，并根据 SRJST 控制图及时发现过程参数的偏移，实现在线监测。

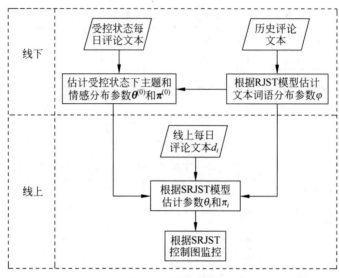

图 4.6　研究框图

　　根据充分的案例分析和数值实验,本章提出的基于评论文本的服务过程监测方法能够有效检测出评论中主题和情感的偏移,尤其对偏移尺度较小的情况更为敏感,而触发异常信号后,检验统计量的可分解性质也使后续的根源诊断分析更加容易。本章案例以天作为监测的时间单位,以同一类产品的每日评论作为单个样本。然而在实际应用中,监测的形式可以更加灵活多样,根据监测对象和时间范围的不同,可选择不同粗细粒度的评论样本。综上所述,本章的研究工作是第一个在统计过程控制的框架下利用用户直接反馈的评论文本数据实现线上产品服务过程中主题和情感联合监测的通用方法,从售后反馈的角度对产品制造完成之后的状态及相关服务进行追踪和监测,能够帮助实现产品售后阶段的质量评估和质量问题预警。

第5章 评论文本和评论评分的联合 主题-情感建模与监测

5.1 本章引言

除非结构化的评论文本外,用户评论数据中一般还伴随用户的量化评分,评论中的评分和文本互相关联,联合反映了用户对所使用产品及相关服务质量的真实评价意见,本章将重点研究评论中文本和评分的联合建模分析方法,以及基于该类混合类型数据的产品服务过程监测。

用户评论文本是典型的短文本数据,图 5.1 展示了京东商城中有关水杯的评论中评论文本长度的分布,其中,90% 的评论长度在 26 以下,50% 的评论长度在 13 以下。上述数据集已经除掉评论长度在 3 以下的极短评论,考虑到原始评论数据集中的大量评论甚至只有默认评分,而缺少文字描述的评价内容,因此真实评论中短文本的比例会更高。

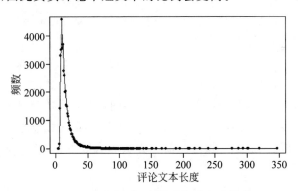

图 5.1 京东商城水杯评论文本长度分布

除评论文本长度一般较短外,评论的文字内容中往往还伴随大量无意义的噪声内容。在第 3 章中,本研究提出了针对评论数据的异常检测模型,能够有效过滤大部分非评论等无关内容及模糊评论,为本章中评论数据的联合建模与监测筛选出较高质量的评论内容。然而,评论文本本身依然存在信息密度较低的问题,文本中常充斥大量停用词(如"我""的""是"等),以及其他一些与用户评价意见并不直接相关的词,在表达用户情感时,文本相较于评分等量化指标呈现出更低的"信噪比"[12]。虽然随着电商规模的增长和平台有意识地引导,用户提供了更多反馈信息,但翔实而全面的用户评论文本在评论数据中的占比依然较少。上述现象说明,在京东商城等线上购物平台,仅靠评论文本内容获取到准确的主题和情感相关信息依然是不够的。

除了评论文本外,大部分网站的用户评论中常常还带有用户的评分信息,最常见的如 1～5 分的总体评分,此外,部分网站还提供针对某个特定方面(如质量、服务、快递等)的评分。评分反映了用户的总体情感倾向,引入评分能够帮助用户的意见信息得到更好的抽取,以及对线上商品和服务质量进行更有效的评估。与评论文本相比,用户往往更习惯于不费时地直接评分,因此评分的获取也更容易。对用户评论中的文本内容和评分进行联合建模分析,让文本和评分中隐含的主题及情感信息融合互补,更有助于实现基于在线评论数据挖掘的产品服务过程质量特征提取和在线监测。

由于各网站涉及的产品维度不同,针对特定方面的评分不一,因此,本章所考虑的评论评分主要是指各电商平台上最普遍和通用的总体评分,如淘宝和京东商城上 1～5 星的总体评分。本章将首先对包含评分和文本的用户评论进行联合建模,实现文本和评分两类异构数据的信息融合和主题-情感特征抽取,然后再根据特征表示学习的结果设计控制图,实现基于该类混合数据的产品及服务质量监测。

本章接下来将从以下几个部分开展介绍:5.2 节提出对评论中评分和文本混合类型数据的联合建模方法,实现线下评论数据的信息量化与特征提取;5.3 节基于建模结果设计过程控制图,实现对混合评论数据中主题和情感特征的在线监测;5.4 节和 5.5 节分别用真实数据案例分析和仿真数值实验的方法验证上述模型与监测方法的有效性;5.6 节对本章中的研究工作进行总结。

5.2　评论文本和评论评分的联合主题-情感建模

5.2.1　模型构建

第 4 章只考虑用户评论中的文本部分,遵从词袋模型的假设,将评论文档定义为多个离散词语组成的集合,本章将引入每条用户评论所携带的评分中的信息,对用户评论中的文本和评分进行联合建模。

与第 4 章类似,本章以评论文档的形式对评论数据进行建模,并根据本章所研究的混合类型评论数据对评论文档的概念进行拓展。本章考虑由一系列评论文档构成的数据集 $\{d_i, i=1,2,\cdots,D\}$,每条评论文档 d_i 可以包含一条或多条用户评论,表示为由 N_i 个词语 $w_i=(w_{i1},w_{i2},\cdots,w_{iN_i})$ 和 M_i 个评分 $r_i=(r_{i1},r_{i2},\cdots,r_{iM_i})$ 组成的集合。其中,词语是构成评论文本部分的基本单元,每个观测到的词语从语料的词汇表 $\{w_1,w_2,\cdots,w_V\}$ 中抽取得到,而每个评分的取值范围为 $\{1,2,3,4,5\}$,符合大部分网站上的评分取值。同样,假设一个完整的评论文档会同时受到其隐含主题类别和情感倾向这两种特征的影响,如设定其背后含有 K 个主题属性 $z\in\{1,2,\cdots,K\}$ 和 S 个情感属性 $l\in\{1,2,\cdots,S\}$。本节将对评论文档背后隐藏的主题和情感信息进行量化,提出一个基于评论评分和评论文本的联合建模方法 (JST-RR),由于此时评论文档中同时包含文本词语和量化评分两种异构类型数据,因此模型将重点考虑这两种类型数据之间的相关性和信息融合,联合利用评论中的文本及评分对评论的情感和主题进行推断。

对于数据集 $\{d_i, i=1,2,\cdots,D\}$,本节假设在 JST-RR 模型中,其概率生成过程如下(概率图结构示例见图 5.2)。

- 首先对数据集背后隐含的主题及情感信息,利用对应的词语及评分分布描绘其特性,
  - ◆ 对应每个词语的情感属性 $l^w\in\{1,2,\cdots,S\}$ 和主题属性 $z\in\{1,2,\cdots,K\}$:
    - ■ 抽取落在词汇表上的 V 维多项式分布参数 $\varphi_{l^w,z}\sim$ Dirichlet$(\beta_{l^w,z})$。
  - ◆ 对于每个评分的情感属性 $l^r\in\{1,2,\cdots,S\}$:
    - ■ 抽取落在评分值域上的多项式分布参数 $\mu_{l^r}\sim$ Dirichlet(δ_{l^r})。
- 对于每个评论文档 $d_i, i=1,2,\cdots,D$,
  - ◆ 抽取其多项式情感分布的参数 $\pi_i\sim$ Dirichlet(γ)。
  - ◆ 对于每个情感属性 $l\in\{1,2,\cdots,S\}$,抽取文档在该情感属性下的多项式主题分布的参数 $\theta_{i,l}\sim$ Dirichlet(α_l)。
  - ◆ 对 d_i 中的每个词语 $w_{ij}, j=1,2,\cdots,N_i$,按照以下过程抽取:
    - ■ 抽取词语的情感属性 $l^w\sim$ Multinomial(π_i)。

- 根据情感 l_{ij}^w，抽取词语的主题属性 $z_{ij} \sim \text{Multinomial}(\boldsymbol{\theta}_{i,l_{ij}^w})$。
- 根据抽取好的情感属性 l_{ij}^w 和主题属性 z_{ij}，从词汇表中抽取单词 $w_{ij} \sim \text{Multinomial}(\boldsymbol{\varphi}_{l_{ij}^w,z_{ij}})$。

◆ 对 d_i 中的每个评分 r_{ij}，$j=1,2,\cdots,M_i$，按照以下过程抽取：

- 抽取评分的情感属性 $l_{ij}^r \sim \text{Multinomial}(\boldsymbol{\pi}_i)$。
- 根据抽取好的评分的情感属性 l_{ij}^r，从评分的值域中抽取分值 $r_{ij} \sim \text{Multinomial}(\boldsymbol{\mu}_{l_{ij}^r})$。

如图 5.2 中的模型结构所示，评论文档中的文本词语将同时受到其文档层级的主题和情感分布的影响，而文档中的评分则只受到文档层级的情感分布的影响。这一假设符合真实评论中文本和评分所体现的信息维度，如文本中会同时描述用户对产品及服务的主题维度评价和情感喜恶，而评分一般只反映用户的总体情感倾向，不直接提供主题信息。模型中，仅有评论词语和评分为直接观测数据(图 5.2 中灰色图标表示)，而评论文档的情感分布和主题分布，以及各评论词与评分背后的主题/情感属性等，皆为待推断的隐含分布和变量，此外，$\boldsymbol{\beta}$、$\boldsymbol{\delta}$、$\boldsymbol{\gamma}$、$\boldsymbol{\alpha}$ 表示模型的先验分布参数，5.4.1 节将用一个实例说明它们的一般设置。

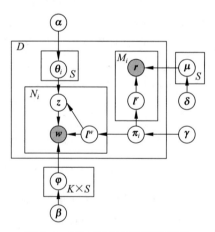

图 5.2   JST-RR 模型概率图结构

JST-RR 模型提供了评论文本和评论评分的联合概率生成过程，利用文档背后总体的情感分布建立评论中文本和评分之间的相关关系，同时该模型提出的概率生成过程也符合用户在现实中进行评论的行为模式，例如，用户首先对所使用的产品及相关服务表达出总体的情感倾向，该倾向决定了用户的评分,同时这一倾向会进一步投射到产品和服务的各个具体表现方面,即"主题"层面,并对应评论文本的各个描述部分。因此,用户的总体和局部情感倾向分别由评论的评分和评论文本的局部评论词体现。

5.2.2　参数估计

根据 5.2.1 节提出的概率模型,有四类重要的模型参数需要估计,即:①评论文档的情感分布参数 $\boldsymbol{\pi}$;②评论文档在每个情感属性下对应的主题分布参数 $\boldsymbol{\theta}$;③每个情感和主题属性所对应的单词分布参数 $\boldsymbol{\varphi}$;④每个情感属性下对应的评分分布参数 $\boldsymbol{\mu}$。对于观测到的文档集合 $\{d_i, i=1,2,\cdots, D\}$,在给定以上四类模型参数的条件下,我们可以写出文档中所有词语和评分,以及它们背后隐含的主题和情感属性的联合概率:

$$P(\boldsymbol{w},\boldsymbol{r},\boldsymbol{l}^w,\boldsymbol{l}^r,\boldsymbol{z} \mid \boldsymbol{\pi},\boldsymbol{\theta},\boldsymbol{\varphi},\boldsymbol{\mu})$$

$$= \prod_{i=1}^{D} \left(\prod_{j=1}^{N_i} P(l_{ij}^w, z_{ij}, w_{ij} \mid \boldsymbol{\pi}_i, \boldsymbol{\theta}_{i,l_{ij}^w}, \boldsymbol{\varphi}_{l_{ij}^w, z_{ij}}) \prod_{j=1}^{M_i} P(l_{ij}^r, r_{ij} \mid \boldsymbol{\pi}_i, \boldsymbol{\mu}_{l_{ij}^r}) \right)$$

$$= \prod_{i=1}^{D} \left(\prod_{j=1}^{N_i} P(l_{ij}^w \mid \boldsymbol{\pi}_i) P(z_{ij} \mid \boldsymbol{\theta}_{i,l_{ij}^w}) P(w_{ij} \mid \boldsymbol{\varphi}_{l_{ij}^w, z_{ij}}) \times$$

$$\prod_{j=1}^{M_i} P(l_{ij}^r \mid \boldsymbol{\pi}_i) P(r_{ij} \mid \boldsymbol{\mu}_{l_{ij}^r}) \right) \tag{5-1}$$

其中,评论词由它背后隐藏的主题和情感属性同时决定,而评分仅受到对应情感属性的影响,当评论文档层级的情感分布和主题分布确定后,评分和文本词语的概率生成过程服从条件独立假设。

本节同样用吉布斯抽样的方法对上述模型参数进行估计。吉布斯抽样是基于马尔可夫链的蒙特卡洛方法的一种,常常用于涉及复杂积分计算的贝叶斯模型的参数估计,此类方法借助构造满足细致平稳条件的马尔可夫链,使最终到达平稳状态的马尔可夫链的极限分布逼近待估计的参数后验分布。吉布斯抽样定义了马尔可夫链的状态转移过程,在利用吉布斯抽样对 JST-RR 模型进行参数估计的过程中,每一轮次迭代中都对涉及的隐变量(词语与评分背后的主题和情感属性)进行抽取。例如,对于文档 d_i 中的第 j 个观测词语 $w_{ij}=w$,本节在给定其他所有观测数据及相关隐变量的情况下,根据式(5-1)中的联合概率进行推导,得到以下条件概率,并对其背后隐含的情感属性 l_{ij}^w 和主题属性 z_{ij} 进行抽取:

$$P(l_{ij}^w = l, z_{ij} = z \mid \boldsymbol{w}, \boldsymbol{l}_{-ij}^w, \boldsymbol{l}^r, \boldsymbol{z}_{-ij})$$

$$\propto P(l_{ij}^w = l, z_{ij} = z, w_{ij} = w \mid w_{-ij}, l_{-ij}^w, l^r, z_{-ij})$$

$$= P(l_{ij}^w = l \mid l_{-ij}^w, l^r) \times P(z_{ij} = z \mid l_{ij}^w = l, l_{-ij}^w, z_{-ij}) \times$$

$$P(w_{ij} = w \mid l_{ij}^w = l, z_{ij} = z, l_{-ij}^w, z_{-ij}, w_{-ij}) \tag{5-2}$$

其中,下标(或上标)$-ij$ 代表从文档 d_i 对应的数据整体中排除第 j 个变量后的结果,例如,$z_{-ij} = (z_{i1}, z_{i2}, \cdots, z_{i(j-1)}, z_{i(j+1)}, \cdots, z_{iN_i})$ 代表除掉第 j 个词语的主题属性后的文档 d_i 的主题向量。在式(5-2)中,第一项代表抽取词语对应的情感属性的概率,通过对文档层级的情感分布参数求积分,可以对式(5-2)中的第一项进行求解:

$$P(l_{ij}^w = l \mid l_{-ij}^w, l^r) = \int_{\pi_i} P(l_{ij}^w = l \mid \pi_i) P(\pi_i \mid l_{-ij}^w, l^r) \mathrm{d}\pi_i \tag{5-3}$$

其中,$P(\pi_i \mid l_{-ij}^w, l^r)$ 为给定样本 l_{-ij}^w 和 l^r 下的情感分布参数 π_i 的后验分布,根据贝叶斯全概率公式,有 $P(\pi_i \mid l_{-ij}^w, l^r) \propto P(l_{-ij}^w, l^r \mid \pi_i) P(\pi_i)$,其中,数据似然函数定义为

$$P(l_{-ij}^w, l^r \mid \pi_i) = \prod_{k=1, k \neq j}^{N_i} \mathrm{Multinomial}(l_{ik}^w \mid \pi_i) \prod_{k=1}^{M_i} \mathrm{Multinomial}(l_{ik}^r \mid \pi_i)$$

$$= \prod_{l=1}^{S} (\pi_{i,l})^{N_{i,l}^{-ij} + M_{i,l}} \tag{5-4}$$

由于先验分布 $P(\pi_i) = \mathrm{Dirichlet}(\pi_i \mid \gamma)$ 为似然函数的共轭先验,容易推断得到 π_i 的后验概率分布也为 Dirichlet 分布: $P(\pi_i \mid l_{-ij}^w, l^r) = \mathrm{Dirichlet}(\pi_i \mid n_i^{-ij} + m_i + \gamma)$,其中 n_i 和 m_i 分别代表文档 d_i 中与 S 个情感属性相连的词语和评分的计数向量:

$$n_i = (N_{i,1}, N_{i,2}, \cdots, N_{i,S}), \quad m_i = (M_{i,1}, M_{i,2}, \cdots, M_{i,S}) \tag{5-5}$$

将上述后验概率代入式(5-3)中,可化解为

$$P(l_{ij}^w = l \mid l_{-ij}^w, l^r) = \int_{\pi_i} P(l_{ij}^w = l \mid \pi_i) P(\pi_i \mid l_{-ij}^w, l^r) \mathrm{d}\pi_i$$

$$= \int_{\pi_i} P(l_{ij}^w = l \mid \pi_i) \mathrm{Dirichlet}(\pi_i \mid n_i^{-ij} + m_i + \gamma) \mathrm{d}\pi_i$$

$$= \int_{\pi_i} \pi_{i,l} \times \mathrm{Dirichlet}(\pi_i \mid n_i^{-ij} + m_i + \gamma) \mathrm{d}\pi_i$$

$$= E(\pi_{i,l} \mid \mathrm{Dirichlet}(\pi_i \mid n_i^{-ij} + m_i + \gamma))$$

$$= \frac{N_{i,l}^{-ij} + M_{i,l} + \gamma_l}{N_i^{-ij} + M_i + \sum_{l'} \gamma_{l'}} \tag{5-6}$$

其中，N_i 和 M_i 分别代表 d_i 中词语和评分的总数；$N_{i,l}$ 和 $M_{i,l}$ 分别代表 d_i 中对应情感属性为 l 的词语和评分的总数，在此情况下，先验分布参数 γ_l 可理解为 d_i 中与各个情感属性 l 相关的先验计数值。

　　根据式(5-6)，文档 d_i 中的 N_i 个词语和 M_i 个评分同时用于 d_i 的情感分布的估计，并在情感分布的推断中被赋予相同的权重。然而，在实际情况中，词语和评分的数量存在较大差异，一个评分往往对应多个词语，存在一对多的关系。此外，同样数量的评分和词语给情感分类带来的信息增益也具有差异，考虑到以上因素，同一个评论文档中的评分和词语作为由同一个情感分布抽取得到的不同类型的样本，应该具有不同的权重，从加权似然函数(weighted likelihood)的角度出发，本节引入权重系数 σ，对评论文档中观测到的评分和词语的似然值赋予不同权重，则式(5-4)中的似然函数可表示为更通用的形式：

$$P(l_{-ij}^w, l^r \mid \pi_i) = \prod_{k=1, k \neq j}^{N_i} \mathrm{Multinomial}(l_{ik}^w \mid \pi_i) \left[\prod_{k=1}^{M_i} \mathrm{Multinomial}(l_{ik}^r \mid \pi_i) \right]^{\sigma}$$

$$= \prod_{l=1}^{S} (\pi_{i,l})^{N_{i,l}^{-ij} + \sigma M_{i,l}} \tag{5-7}$$

此时，π_i 的后验概率分布表示为 $P(\pi_i \mid l_{-ij}^w, l^r) = \mathrm{Dirichlet}(\pi_i \mid n^{-ij} + \sigma m_i + \gamma)$。根据同样的推导过程，式(5-6)中的后验抽样概率变为

$$P(l_{ij}^w = l \mid l_{-ij}^w, l^r) = E(\pi_{i,l} \mid \mathrm{Dirichlet}(\pi_i \mid n^{-ij} + \sigma m_i + \gamma))$$

$$= \frac{N_{i,l}^{-ij} + \sigma M_{i,l} + \gamma_l}{N_i^{-ij} + \sigma M_i + \sum_{l'} \gamma_{l'}} \tag{5-8}$$

其中，σ 代表评分相对于词语的权重系数，当 $\sigma = 0$ 时，意味着对于情感分布的估计和情感属性抽样只依赖文档中的文本词语部分，当 $\sigma \to \infty$ 时，则对于情感分布的估计和情感属性抽样只依赖文档中的评分部分。

　　式(5-2)中的第二项代表在给定词语的情感属性 $l_{ij}^w = l$ 下，抽取词语对应的主题属性的后验概率，根据同样的推断过程对文档层级的主题分布参数进行积分，可以得到

$$P(z_{ij} = z \mid l_{ij}^w = l, l_{-ij}^w, z_{-ij}) = \int_{\theta_{i,l}} P(z_{ij} = z \mid \theta_{i,l}) P(\theta_{i,l} \mid l_{-ij}^w, z_{-ij}) \mathrm{d}\theta_{i,l}$$

$$= \int_{\theta_{i,l}} \theta_{i,l,z} \times \mathrm{Dirichlet}(\theta_{i,l} \mid n_{i,l}^{-ij} + \alpha_l) \mathrm{d}\theta_{i,l}$$

$$= E(\theta_{i,l,z} \mid \mathrm{Dirichlet}(\theta_{i,l} \mid n_{i,l}^{-ij} + \alpha_l))$$

$$= \frac{N_{i,l,z}^{-ij} + \alpha_{l,z}}{N_{i,l}^{-ij} + \sum\limits_{z'} \alpha_{l,z'}} \tag{5-9}$$

令计数向量 $\boldsymbol{n}_{i,l} = (N_{i,l,1}, N_{i,l,2}, \cdots, N_{i,l,K})$，其中 $N_{i,l,z}$ 代表 d_i 中对应情感属性为 l，主题属性为 z 的词语数量。在此情况下，先验参数 $\alpha_{l,z}$ 可理解为 d_i 中与情感属性 l、主题属性 z 相关的词语的先验计数值。

同理，式（5-2）中的第三项代表在给定词语的情感属性 $l_{ij}^w = l$ 和主题属性 $z_{ij} = z$ 后，抽取单词 $w_{ij} = w$ 的后验概率：

$$P(w_{ij} = w \mid l_{ij}^w = l, z_{ij} = z, l_{-ij}^w, z_{-ij}, w_{-ij})$$

$$= \int_{\boldsymbol{\varphi}_{l,z}} P(w_{ij} = w \mid \boldsymbol{\varphi}_{l,z}) P(\boldsymbol{\varphi}_{l,z} \mid l_{-ij}^w, z_{-ij}, w_{-ij}) \mathrm{d}\boldsymbol{\varphi}_{l,z}$$

$$= \int_{\boldsymbol{\varphi}_{l,z}} \varphi_{l,z,w} \times \mathrm{Dirichlet}(\boldsymbol{\varphi}_{l,z} \mid \boldsymbol{n}_{l,z}^{-ij} + \boldsymbol{\beta}_{l,z}) \mathrm{d}\boldsymbol{\varphi}_{l,z}$$

$$= E(\varphi_{l,z,w} \mid \mathrm{Dirichlet}(\boldsymbol{\varphi}_{l,z} \mid \boldsymbol{n}_{l,z}^{-ij} + \boldsymbol{\beta}_{l,z}))$$

$$= \frac{N_{l,z,w}^{-ij} + \beta_{l,z,w}}{N_{l,z}^{-ij} + \sum\limits_{w'} \beta_{l,z,w'}} \tag{5-10}$$

令计数向量 $\boldsymbol{n}_{l,z} = (N_{l,z,1}, N_{l,z,2}, \cdots, N_{l,z,V})$，其中 $N_{l,z,w}$ 代表数据集中，词语 w 同时与情感属性 l、主题属性 z 相关联的次数，此外 $N_{l,z}$ 代表数据集中，同时与情感属性 l、主题属性 z 相关联的词语总数。在此情况下，先验参数 $\beta_{l,z,w}$ 可理解为数据集中，词语 w 同时与情感属性 l、主题属性 z 相关联的先验计数值。最后，将式（5-8）、式（5-9）和式（5-10）代入式（5-2），得到 d_i 中词语 w_{ij} 对应的主题及情感属性的抽样概率为

$$P(l_{ij}^w = l, z_{ij} = z \mid \boldsymbol{w}, l_{-ij}^w, \boldsymbol{l}^r, z_{-ij})$$

$$\propto \frac{N_{i,l}^{-ij} + \sigma M_{i,l} + \gamma_l}{N_i^{-ij} + \sigma M_i + \sum\limits_{l'} \gamma_{l'}} \times \frac{N_{i,l,z}^{-ij} + \alpha_{l,z}}{N_{i,l}^{-ij} + \sum\limits_{z'} \alpha_{l,z'}} \times \frac{N_{l,z,w}^{-ij} + \beta_{l,z,w}}{N_{l,z}^{-ij} + \sum\limits_{w'} \beta_{l,z,w'}} \tag{5-11}$$

式（5-11）描述了对评论文档中的观测词语进行情感和主题属性抽样的过程，同样，对于文档中的观测评分，如 d_i 中的第 j 个观测评分 $r_{ij} = r$，在给定其他所有观测数据及相关隐变量的情况下，根据式（5-1）中的联合概率进行推导，我们得到以下条件概率来对其背后隐含的情感属性进行抽取：

$$P(l_{ij}^r = l \mid \boldsymbol{r}, l_{-ij}^r, \boldsymbol{l}^w)$$

$$\propto P(l_{ij}^r = l, r_{ij} = r \mid \boldsymbol{r}_{-ij}, l_{-ij}^r, \boldsymbol{l}^w)$$

$$= P(l_{ij}^r = l \mid l_{-ij}^r, \boldsymbol{l}^w) \times P(r_{ij} = r \mid l_{ij}^r = l, l_{-ij}^r, \boldsymbol{r}_{-ij}) \tag{5-12}$$

式(5-12)中的第一项与式(5-8)中的情感属性抽取结果一致,第二项代表在给定评分的情感属性 $l_{ij}^r = l$ 后,抽取评分 $r_{ij} = r$ 的后验概率,同样通过对评分分布参数的积分运算,得到:

$$P(r_{ij} = r \mid l_{ij}^r = l, \boldsymbol{l}_{-ij}^r, \boldsymbol{r}_{-ij}) = \int_{\boldsymbol{\mu}_l} P(r_{ij} = r \mid \boldsymbol{\mu}_l) P(\boldsymbol{\mu}_l \mid \boldsymbol{l}_{-ij}^r, \boldsymbol{r}_{-ij}) d\boldsymbol{\mu}_l$$

$$= \int_{\boldsymbol{\mu}_l} \mu_{l,r} \times \mathrm{Dirichlet}(\boldsymbol{\mu}_l \mid \boldsymbol{m}_l^{-ij} + \boldsymbol{\delta}_l) d\boldsymbol{\mu}_l$$

$$= E(\mu_{l,r} \mid \mathrm{Dirichlet}(\boldsymbol{\mu}_l \mid \boldsymbol{m}_l^{-ij} + \boldsymbol{\delta}_l))$$

$$= \frac{M_{l,r}^{-ij} + \delta_{l,r}}{M_l^{-ij} + \sum_{r'} \delta_{l,r'}} \tag{5-13}$$

令计数向量 $\boldsymbol{m}_l = (M_{l,1}, M_{l,2}, \cdots, M_{l,5})$,其中 $M_{l,r}, r \in \{1,2,3,4,5\}$ 代表数据集中评分 r 与情感属性 l 相关联的次数,而 M_l 代表数据集中与情感属性 l 相关联的评分总数。在此情况下,先验参数 $\delta_{l,r}$ 可理解为数据集中评分 r 与情感属性 l 相关联的先验计数值。将式(5-8)和式(5-13)代入式(5-12),得到 d_i 中评分 r_{ij} 对应的情感属性的抽样概率为

$$P(l_{ij}^r = l \mid \boldsymbol{r}, \boldsymbol{l}_{-ij}^r, \boldsymbol{l}^w)$$

$$\propto \frac{N_{i,l} + \sigma M_{i,l}^{-ij} + \gamma_l}{N_i + \sigma M_i^{-ij} + \sum_{l'} \gamma_{l'}} \times \frac{M_{l,r}^{-ij} + \delta_{l,r}}{M_l^{-ij} + \sum_{r'} \delta_{l,r'}} \tag{5-14}$$

式(5-11)和式(5-14)中的抽样概率构成了吉布斯抽样算法中每一步迭代的核心,也定义了背后所构造的马尔可夫链的状态转移过程,当马尔可夫链运行足够长时间达到平稳状态后,此时用抽样得到的隐变量及观测数据作为样本对模型参数 $\boldsymbol{\pi}$、$\boldsymbol{\theta}$、$\boldsymbol{\varphi}$、$\boldsymbol{\mu}$ 进行估计,其后验分布的期望值如下:

$$\begin{cases} \hat{\pi}_{i,l} = \dfrac{N_{i,l} + \sigma M_{i,l} + \gamma_l}{N_i + \sigma M_i + \sum_{l'} \gamma_{l'}} \\[4mm] \hat{\theta}_{i,l,z} = \dfrac{N_{i,l,z} + \alpha_{l,z}}{N_{i,l} + \sum_{z'} \alpha_{l,z'}} \\[4mm] \hat{\varphi}_{l,z,w} = \dfrac{N_{l,z,w} + \beta_{l,z,w}}{N_{l,z} + \sum_{w'} \beta_{l,z,w'}} \\[4mm] \hat{\mu}_{l,r} = \dfrac{M_{l,r} + \delta_{l,r}}{M_l + \sum_{r'} \delta_{l,r'}} \end{cases} \tag{5-15}$$

可以看到,一方面,在每个评论文档 d_i 中,对其情感分布的参数 $\boldsymbol{\pi}_i$ 的估计同时依赖文档中 N_i 个词语和 M_i 个评分,并引入一个相对权重系数 σ 控制两部分样本的权重;另一方面,对于文档主题分布的参数 $\boldsymbol{\theta}_i$ 的估计则只依赖文档中的文本词语部分,这是因为,作为样本的评分只提供了评论整体的情感倾向,并不提供与主题相关的信息,在模型中,评分也不具备主题属性。结合以上参数估计的推导结果,用吉布斯抽样对 JST-RR 模型进行参数估计的整个过程如算法 5.1 所示。

算法 5.1   JST-RR 模型的吉布斯抽样过程

Input:数据集 $\{d_i, i=1,2,\cdots,D\}$,超参数 $\boldsymbol{\beta}$、$\boldsymbol{\delta}$、$\boldsymbol{\gamma}$、$\boldsymbol{\alpha}$,权重系数 σ

Output:模型参数 $\boldsymbol{\varphi}$、$\boldsymbol{\mu}$、$\boldsymbol{\pi}$、$\boldsymbol{\theta}$ 的估计值

1   随机初始化词语和评分的主题/情感属性;

2   **for** Iteration$=1,2,\cdots,I$ **do**

3   **for** $d_i, i=1,2,\cdots,D$ **do**

4   **for** $w_{ij}, j=1,2,\cdots,N_i$ **do**

5   去除当前词语 w_{ij} 及其关联的情感属性和主题属性,更新相关计数值:

            $N_i^{-ij}, N_{i,l}^{-ij}, N_{i,l,z}^{-ij}, N_{l,z}^{-ij}, N_{l,z,w}^{-ij} \longleftarrow N_i, N_{i,l}, N_{i,l,z}, N_{l,z}, N_{l,z,w}$;

6   根据式(5-11)中的抽样概率,抽取 w_{ij} 的情感属性和主题属性;

7   根据 w_{ij} 新抽取得到的情感属性和主题属性,更新相关计数值:

            $N_i, N_{i,l}, N_{i,l,z}, N_{l,z}, N_{l,z,w} \longleftarrow N_i^{-ij}, N_{i,l}^{-ij}, N_{i,l,z}^{-ij}, N_{l,z}^{-ij}, N_{l,z,w}^{-ij}$;

8   **end**

9   **for** $r_{ij}, j=1,2,\cdots,M_i$ **do**

10   去除当前评分 r_{ij} 及其关联的情感属性,更新相关计数值:

            $M_l^{-ij}, M_{l,r}^{-ij}, M_i^{-ij}, M_{i,l}^{-ij} \leftarrow M_l, M_{l,r}, M_i, M_{i,l}$;

11   根据式(5-14)中的抽样概率,抽取 r_{ij} 的情感属性;

12   根据 r_{ij} 新抽取得到的情感属性,更新相关计数值:

            $M_l, M_{l,r}, M_i, M_{i,l} \leftarrow M_l^{-ij}, M_{l,r}^{-ij}, M_i^{-ij}, M_{i,l}^{-ij}$;

13   **end**

14   **end**

15   **end**

16   根据式(5-15)估计模型参数 $\boldsymbol{\varphi}$、$\boldsymbol{\mu}$、$\boldsymbol{\pi}$、$\boldsymbol{\theta}$。

5.3　评论文本和评论评分的联合监测

用户评论中的主题及情感信息直接反映了线上产品及服务过程的状态,本书希望利用该类数据对线上提供的产品及服务质量进行有效的评估和监测。第 4 章已经介绍了对评论中的文本进行在线监测的方法,而进一步引入评论中的评分可以帮助我们对评论背后的产品及服务质量进行更准确的评估和更全面的监测。本节将根据评论数据中文本和评分的联合建模结果,设计合适且计算高效的监测方法来对线上的产品服务过程进行监测,使线上产品及服务过程中发生的系统性异常变化可以被及时检测出来,并进一步帮助我们进行根源分析与问题诊断。

5.3.1　在线监测环节的顺序概率生成模型

与第 4 章相同,本节以一天作为用户评论在线监测的时间单位,将第 i 天内某一产品的所有评论以文档的形式汇总成 d_i,其中包含 N_i 个词语 $\boldsymbol{w}_i=(w_{i1},w_{i2},\cdots,w_{iN_i})$ 和 M_i 个评分 $\boldsymbol{r}_i=(r_{i1},r_{i2},\cdots,r_{iM_i})$,对评论文档的表示方法与 5.2 节中的一致。本节主要针对的是统计过程控制中第二阶段的监测,即假定受控状态下的模型参数已知或已经通过数据估计得到的情况下,用控制图对在线产品服务过程进行监测,尽快发现过程中评论文本与评论评分背后的主题和情感的变化,当指标超出特定范围时及时报警和进行诊断分析。此过程中,受控状态下的模型参数包括:评论文档的情感分布参数 $\boldsymbol{\pi}^{(0)}$ 和主题分布参数 $\boldsymbol{\theta}^{(0)}$,此外,在线上监测过程中,假定主题及情感在观测时间内并无概念上的定性变化[76-77],即特定主题和情感属性下,各自对应的词语和评分分布保持固定,对应分布的参数 $\boldsymbol{\varphi}$ 和 $\boldsymbol{\mu}$ 已经通过对线下历史数据的建模估计得到,在监测过程中视为已知。

为了对用户评论中的主题和情感特征进行在线监测,与 4.3.1 节相同,本节考虑评论数据在时间轴上的定量变化过程,尤其是评论中主题和情感分布的定量变化,因此,本节对 5.2 节中提出的 JST-RR 模型进行进一步拓展,考虑引入时间自相关性的顺序概率生成模型(Sequential JST-RR),使之适用于线上监测环节。在线上监测中,对于 D 天内的观测数据集 $\{d_i, i=1,2,\cdots,D\}$,假设它在受控情况下的概率生成过程如下。

- 对于第 i 天的评论文档 d_i,$i=1,2,\cdots,D$,
  ◆ 抽取其多项式情感分布的参数 $\boldsymbol{\pi}_i\sim\text{Dirichlet}(\rho(N_i+\sigma M_i)\boldsymbol{\pi}_{i-1})$。

◆ 对于每个情感属性 $l \in \{1,2,\cdots,S\}$，抽取文档在该情感属性下的多项式主题分布的参数 $\theta_{i,l} \sim \text{Dirichlet}(\rho N_i \pi_{i-1,l} \theta_{i-1,l})$。

◆ 对 d_i 中的每个词语 w_{ij}，$j=1,2,\cdots,N_i$，按照以下过程抽取：

■ 抽取词语的情感属性 $l_{ij}^w \sim \text{Multinomial}(\pi_i)$。

■ 根据情感 l_{ij}^w，抽取词语的主题属性 $z_{ij} \sim \text{Multinomial}(\theta_{i,l_{ij}^w})$。

■ 根据抽取好的情感属性 l_{ij}^w 和主题属性 z_{ij}，从词汇表中抽取单词 $w_{ij} \sim \text{Multinomial}(\varphi_{l_{ij}^w, z_{ij}})$。

◆ 对 d_i 中的每个评分 r_{ij}，$j=1,2,\cdots,M_i$，按照以下过程抽取：

■ 抽取评分的情感属性 $l_{ij}^r \sim \text{Multinomial}(\pi_i)$。

■ 根据抽取好的评分的情感属性 l_{ij}^r，从评分的值域中抽取分值 $r_{ij} \sim \text{Multinomial}(\mu_{l_{ij}^r})$。

每日评论文档的主题和情感分布在时间轴上形成一条马尔可夫链，在此过程中，令 $\pi^{(0)}$ 和 $\theta^{(0)}$ 作为第一天文档的主题和情感分布抽取的先验参数，而接下来每一天文档的主题和情感分布都由前一天的主题和情感分布作为先验抽取，服从马尔可夫假设。常数 ρ 代表了先验知识在每一天训练过程中的占比，ρ 越大，则每一天的情感和主题受前一天的影响程度也越大。

本节采用 5.2.2 节中介绍的吉布斯抽样的方法对每日评论文档 d_i 的情感及主题分布进行估计，每一轮次迭代中都对涉及的隐变量（词语和评分背后的主题及情感属性）进行抽取，在迭代过程到达平稳状态后，根据平稳状态下的样本得到待估计参数，即每日文档情感分布参数 π_i 和主题分布参数 θ_i 的点估计。参考式(5-11)，在各情感和主题属性对应的词语分布参数 φ 已知的条件下，文档 d_i 中观测词语 $w_{ij}=w$ 对应的主题及情感属性的吉布斯抽样概率可表示为

$$P(l_{ij}^w = l, z_{ij} = z \mid w_{ij} = w, l_{-ij}^w, l^r, z_{-ij}, \varphi)$$

$$\propto \frac{N_{i,l}^{-ij} + \sigma M_{i,l} + \gamma_{i,l}}{N_i^{-ij} + \sigma M_i + \sum_{l'} \gamma_{i,l'}} \times \frac{N_{i,l,z}^{-ij} + \alpha_{i,l,z}}{N_{i,l}^{-ij} + \sum_{z'} \alpha_{i,l,z'}} \times \varphi_{l,z,w} \quad (5\text{-}16)$$

其中，先验参数 $\gamma_{i,l} = \rho(N_i + \sigma M_i)\pi_{i-1,l}$，$\alpha_{i,l,z} = \rho N_i \pi_{i-1,l} \theta_{i-1,l,z}$。

同样参考式(5-14)，在各情感属性对应的评分分布参数 μ 已知的条件下，文档 d_i 中评分 $r_{ij}=r$ 对应的情感属性的抽样概率可表示为

$$P(l_{ij}^r = l \mid r_{ij} = r, \boldsymbol{l}_{-ij}^r, \boldsymbol{l}^w, \boldsymbol{\mu})$$

$$\propto \frac{N_{i,l} + \sigma M_{i,l}^{-ij} + \gamma_{i,l}}{N_i + \sigma M_i^{-ij} + \sum_{l'} \gamma_{i,l'}} \times \mu_{l,r} \tag{5-17}$$

其中,先验参数 $\gamma_{i,l} = \rho(N_i + \sigma M_i)\pi_{i-1,l}$。

　　文档达到平稳状态后,用抽样得到的隐变量及观测数据作为样本对每日文档的情感分布参数 $\boldsymbol{\pi}$、主题分布参数 $\boldsymbol{\theta}$ 进行估计,其后验分布的期望值如下:

$$\begin{cases} \hat{\pi}_{i,l} = \dfrac{N_{i,l} + \sigma M_{i,l} + \gamma_{i,l}}{N_i + \sigma M_i + \sum_{l'} \gamma_{i,l'}} \\[3mm] \qquad = \dfrac{N_{i,l} + \sigma M_{i,l}}{N_i + \sigma M_i} \times \dfrac{1}{1+\rho} + \hat{\pi}_{i-1,l} \times \dfrac{\rho}{1+\rho} \\[3mm] \hat{\theta}_{i,l,z} = \dfrac{N_{i,l,z} + \alpha_{i,l,z}}{N_{i,l} + \sum_{z'} \alpha_{i,l,z'}} \\[3mm] \qquad \approx \dfrac{N_{i,l,z}}{N_{i,l}} \times \dfrac{1}{1+\rho} + \hat{\theta}_{i-1,l,z} \times \dfrac{\rho}{1+\rho} \end{cases} \tag{5-18}$$

根据化简结果,对 $\boldsymbol{\pi}$ 和 $\boldsymbol{\theta}$ 的点估计等价于文档中对应情感、主题下的计数比值在时间上的指数加权移动平均值(EWMA),其中 $1/(1+\rho)$ 可视为 EWMA 中的平滑系数 λ,根据经验可设置为 0.3。

5.3.2　控制图

　　利用 5.3.1 节中提出的 Sequential JST-RR 模型的估计结果,线上产品服务过程中,每日评论文档中的文本和评分的状态可由其评论文档层级的主题和情感分布联合表示,其中,文档 d_i 中每个词语和评分的主题属性 z 和情感属性 l 都可以通过以下变点模型产生:

$$z, l \stackrel{\text{i.i.d.}}{\sim} \begin{cases} P(z, l \mid \boldsymbol{\theta}^{(0)}, \boldsymbol{\pi}^{(0)}), & i = 1, 2, \cdots, \tau \\ P(z, l \mid \boldsymbol{\theta}^{(1)}, \boldsymbol{\pi}^{(1)}), & i = \tau+1, \tau+2, \cdots \end{cases} \tag{5-19}$$

其中,τ 代表系统状态发生变化的时间点;$\boldsymbol{\theta}^{(0)}$ 和 $\boldsymbol{\theta}^{(1)}$ 分别代表受控状态和失控状态下的评论文档主题分布参数;$\boldsymbol{\pi}^{(0)}$ 和 $\boldsymbol{\pi}^{(1)}$ 分别代表受控状态和失控状态下的文档情感分布参数。过程中系统的状态变化可能发生在文档的主题分布 $\boldsymbol{\theta}$ 或情感分布 $\boldsymbol{\pi}$ 下,因此,为了检测 i 时刻的过程状态,需要进行如下假设检验:

$$\begin{cases} H_0 : \boldsymbol{\theta}_i = \boldsymbol{\theta}^{(0)} \wedge \boldsymbol{\pi}_i = \boldsymbol{\pi}^{(0)} \\ H_1 : \boldsymbol{\theta}_i \neq \boldsymbol{\theta}^{(0)} \vee \boldsymbol{\pi}_i \neq \boldsymbol{\pi}^{(0)} \end{cases} \tag{5-20}$$

为了进行上述假设检验,本节沿用第 4 章中对评论文本的监测思路,即对评论文档的主题-情感联合概率分布在受控状态和实际监测状态之间的距离进行定义与估计。同样利用基于 KL 距离的检验统计量来监测评论文本及评论评分背后的主题-情感分布的变化,本节提出以下两个检验统计量:

$$Q_i^{\text{sentiment}} = 2(N_i + \sigma M_i) D_{\text{KL}}(P(l \mid \hat{\boldsymbol{\pi}}_i), P(l \mid \boldsymbol{\pi}^{(0)}))$$

$$= 2(N_i + \sigma M_i) \sum_{l=1}^{S} \hat{\pi}_{i,l} \ln \frac{\hat{\pi}_{i,l}}{\pi_l^{(0)}}$$

$$Q_i^{\text{topic}} = 2N_i \sum_{l=1}^{S} P(l \mid \hat{\boldsymbol{\pi}}_i) D_{\text{KL}}(P(z \mid \hat{\boldsymbol{\theta}}_{i,l}), P(z \mid \boldsymbol{\theta}_l^{(0)}))$$

$$= 2N_i \sum_{l=1}^{S} \hat{\pi}_{i,l} \sum_{z=1}^{K} \hat{\theta}_{i,l,z} \ln \frac{\hat{\theta}_{i,l,z}}{\theta_{l,z}^{(0)}} \tag{5-21}$$

其中,$Q_i^{\text{sentiment}}$ 和 Q_i^{topic} 互相独立,各自用于检验评论中情感和主题的偏移。在满足式(5-20)中的原假设的条件下,即当过程处于受控状态时,根据引理 4.1,理论上,$Q_i^{\text{sentiment}}$ 和 Q_i^{topic} 应分别渐进服从自由度为 $S-1$ 和 $S(K-1)$ 的卡方分布,据此,可以确定假设检验的拒绝域和相关控制图的上控制界 (UCL),从而对系统的状态进行监测。然而在实际监测中,考虑到用于参数估计的样本来自吉布斯抽样的结果,不满足独立条件,因此导致检验统计量 $Q_i^{\text{sentiment}}$ 和 Q_i^{topic} 的真实分布更加复杂,所以在实际监测中,控制图的控制界 L 往往由受控样本的经验分布来确定,一般选定受控状态下的一类错误,并根据仿真实验选定两个检验统计量各自的控制界 $L^{\text{sentiment}}$ 和 L^{topic}。当 $Q_i^{\text{sentiment}} > L^{\text{sentiment}}$ 或 $Q_i^{\text{topic}} > L^{\text{topic}}$ 时,报警信号会被触发。此外,第 4 章介绍了 KL 距离在多项式分布上具有可分解的性质,可以帮助我们进行系统失控原因的诊断分析,在此,本节遵循同样的诊断步骤,不再作重复介绍。综上所述,本节针对评论文本及评论评分混合数据的线上监测提出了一个 Sequential JST-RR 控制图,控制图的线上监测流程如算法 5.2 所示。

算法 5.2　基于 Sequential JST-RR 控制图的线上监测流程

Input：观测数据集 $\{d_i, i=1,2,\cdots,D\}$，$\boldsymbol{\pi}^{(0)}$，$\boldsymbol{\theta}^{(0)}$，$\boldsymbol{\varphi}$，$\boldsymbol{\mu}$，平滑系数 ρ，权重系数 σ，
　　　控制界 $L^{\text{sentiment}}$、L^{topic}

Output：每日评论的监视统计量 $Q_i^{\text{sentiment}}$ 和 Q_i^{topic}

1　**for** $d_i, i = 1, 2, \cdots, D$ **do**

2　　随机初始化 d_i 中词语和评分的主题/情感属性；

　　/* 吉布斯抽样估计 d_i 背后的情感及主题分布　　　　　*/

3　　**for** Iteration$= 1, 2, \cdots, I$ **do**

4　　　**for** $w_{ij}, j = 1, 2, \cdots, N_i$ **do**

5　　　　去除当前词语 w_{ij} 及与之关联的情感属性和主题属性，更新相关计数值：

　　　　　$N_i^{-ij}, N_{i,l}^{-ij}, N_{i,l,z}^{-ij} \longleftarrow N_i, N_{i,l}, N_{i,l,z}$；

6　　　　根据式(5-16)中的抽样概率，抽取 w_{ij} 的情感属性和主题属性；

7　　　　根据 w_{ij} 新抽取得到的情感属性和主题属性，更新相关计数值：

　　　　　$N_i, N_{i,l}, N_{i,l,z} \longleftarrow N_i^{-ij}, N_{i,l}^{-ij}, N_{i,l,z}^{-ij}$；

8　　　**end**

9　　　**for** $r_{ij}, j = 1, 2, \cdots, M_i$ **do**

10　　　　去除当前评分 r_{ij} 及其关联的情感属性，更新相关计数值：

　　　　　$M_i^{-ij}, M_{i,l}^{-ij} \longleftarrow M_i, M_{i,l}$；

11　　　　根据式(5-17)中的抽样概率，抽取 r_{ij} 的情感属性；

12　　　　根据 r_{ij} 新抽取得到的情感属性，更新相关计数值：

　　　　　$M_i, M_{i,l} \longleftarrow M_i^{-ij}, M_{i,l}^{-ij}$；

13　　　**end**

14　　**end**

15　　根据式(5-18)估计 d_i 的参数 $\boldsymbol{\pi}_i$、$\boldsymbol{\theta}_i$；

16　　根据式(5-21)，计算检验统计量 $Q_i^{\text{sentiment}}$ 和 Q_i^{topic}；

17　　**if** $Q_i^{\text{sentiment}} > L^{\text{sentiment}} \vee Q_i^{\text{topic}} > L^{\text{topic}}$ **then**

18　　　触发报警信号；

19　　**end**

20　**end**

5.4　案　例　应　用

本节主要利用亚马逊英文评论数据集[117]对所提出的评论文本与评论评分的联合建模方法及在线监测方法的有效性进行评估。本节主要选取亚马逊数据集中的 3 个子数据集，分别为亚马逊平台上与戴尔(Dell)电脑相关的评论数据集、与联想（Lenovo）电脑相关的评论数据集、与惠普（HP）电脑相关的评论数据集。3 个数据集分别表示为 *Dell*、*Lenovo*、*HP*。数据集中的每条评论皆包含一段评论文本和一个 1～5 星的总体评分。

5.4.1　数据预处理与参数设置

在进行评论数据的建模分析和相关主题-情感特征的抽取之前，本节主要按照以下过程进行实验数据集的预处理工作：①所有文本词语变更为小写，去除各种符号、停用词（如"a""and""be"），以及非频繁用词；②利用现有的词干分析器 Porter Stemmer（http://tartarus.org/martin/PorterStemmer/），将每个单词转化为其词干的形式，减少数据集中的词汇数量，降低其稀疏性；③整理具有否定依赖（negation）的短语，在具有否定依赖关系的词语前，加上前缀"_not"，例如，在语句"I do not like this product"中，将"not_like"作为一个整体列入词汇表中，使基于词汇的情感表达更准确；④平衡数据集中正向和负向评论的比例。处理后的实验数据集的总体情况如表 5.1 所示。最后，按照 9∶1 的比例将每个实验数据集分为训练集和测试集，用于后续的模型训练及测试评估。

表 5.1　实验数据集总体情况

数据集	评 论 总 数	平均单条评论的词语数量
HP	11 655	71.56
Lenovo	4976	71.71
Dell	8438	51.09

通过定义不同粗细粒度的评论文档，我们可以利用 5.2 节中提出的 JST-RR 模型提取得到评论中不同层次的主题、情感特征。例如，可将同一个产品或者同一个用户的评论集合作为一个评论文档，通过模型估计得到产品或用户对应的主题和情感分布特征[74]。在本节利用 JST-RR 模型进行线下评论数据建模的过程中，本书主要将单条评论视为一个评论文档，基于同一条评论中观测文本和评分的共同出现规律提取背后的主题、情感相关特征。

本书设定情感类别数量 $S=2$（正向和负向情感两种），并测试数据集在不同主题类别数量 $K\in\{2,5,7,10,12,15,20\}$ 下的结果。对于超参数 γ 和 α 的设置，本书采用文献中常见的对称型无信息先验[60-61]，即：$\gamma_l=$

$3.0/S, l \in \{1, 2, \cdots, S\}$；$\alpha_{l,z} = 3.0/(S \times K), l \in \{1, 2, \cdots, S\}, z \in \{1, 2, \cdots, K\}$。此外，对于不同情感属性下的评分分布超参数 δ，根据正向情感下评分更高的先验知识，本书设定其参数值为：对于正向情感属性 l，有 $\delta_{l,r} = 10.0 \times r, r \in \{1, 2, 3, 4, 5\}$；对于负向情感属性 l，有 $\delta_{l,r} = 10.0 \times (6-r)$，$r \in \{1, 2, 3, 4, 5\}$。而对于词语分布的超参数 β，本书参考文献[61]中的思路，利用常见情感词引入词语分布的先验知识，实现评论情感分类的弱监督性。不失一般性地，我们从常见的英文通用情感词集 MPQA 中选取共1051 个具有强烈正向情感倾向的通用词和 2145 个具有强烈负向情感倾向的通用词。例如，"excellent"和"terrible"分别具有明显的正向情感倾向和负向情感倾向，且其情感倾向的表达与主题类别无关，属于通用的情感词。本书根据上述思路选取情感词集，对超参数 β 的设置如下：对于正向情感属性 l，令 β_l 落在所有负向情感词上的参数值为 0，落在其余评论词上的参数值为 0.01；对于负向情感属性 l，令 β_l 落在所有正向情感词上的参数值为 0，落在其余评论词上的参数值为 0.01。通过上述设置方式，本节将情感词和普通词之间的差异引入先验参数中，使情感词只能从它对应的情感类别下抽取得到，在有通用情感词作为种子的情况下，对上下文中其余词语的情感属性的推断具有了一定的监督性。

5.4.2　建模效果

本研究首先评估所提出的 JST-RR 模型在评论数据集上的建模效果，并考虑以下几种模型作为建模的对比方法：①JST；②RJST；③AIR-JST；④AIR-RJST。其中，JST 模型[60]只考虑对评论文本部分进行情感和主题建模，RJST（或 Reverse-JST）模型[61]交换了 JST 模型中情感和主题的层级顺序，可视为 JST 模型的一种变体。此外，从评论评分和评论文本联合建模的角度，Li 等[69]提出的 AIR 模型假设评论文本的生成过程以对应评分作为情感先验，即评论文本的情感分布 π 由该评论对应的标准化评分 $r \in (0, 1)$ 决定：

$$\pi \sim \text{Beta}(\omega r, \omega(1-r)) \tag{5-22}$$

为了方便对比，本书依据 AIR 模型的假设条件，并进行适当调整使之适用于本节中的实验数据集，提出 AIR-JST 和 AIR-RJST 两种对比模型，两种模型中的主题及情感层级的顺序互相交换。

在定量评估概率模型的有效性时，困惑度（perplexity）是一个常见的评估指标，一般用于衡量模型对测试数据的预测准确度。例如，对于测试集

$\{d_i, i=1,2,\cdots,D\}$，其观测词语$\{w_i, i=1,2,\cdots,D\}$的预测困惑度定义为

$$\text{Perplexity}(\{w_i, i=1,2,\cdots,D\} \mid \hat{\varphi})$$

$$= \exp\left\{-\frac{\sum_{i=1}^{D}\ln P(w_i \mid \hat{\varphi})}{\sum_{i=1}^{D}N_i}\right\} \tag{5-23}$$

其中，$\hat{\varphi}$代表从训练集估计得到的模型参数，本节采用重要性抽样（importance sampling）的方法[118]对观测词语的预测概率$P(w_i \mid \varphi)$进行估计。根据上述定义，在测试集上的困惑度越小，则模型对观测数据的平均预测概率越大，说明模型对观测数据的解释性和模型泛化能力越好。在最差的情况下，如果不引入模型的解释作用，而采用随机预测，则式(5-23)中的困惑度的上界由测试集中词语的信息熵决定，即

$$\text{Perplexity}(\{w_i, i=1,2,\cdots,D\})$$

$$= \exp\left\{-\sum_{w \in V}P(w)\ln P(w)\right\} \tag{5-24}$$

我们也可以用类似的方法定义观测评分的困惑度。本节考虑到对比模型中仅以评论文本中的词语作为观测集合，因此本书主要以词语的困惑度作为评价指标进行模型对比。

对于涉及的调整参数，即 JST-RR 模型中的σ和两个 AIR 模型中的ω，本书依据十折交叉验证（10-fold cross validation）来确定其最优的参数设置。例如，图 5.3 中展示了在不同权重系数σ的设置下，JST-RR 模型在 HP 训练集上的平均困惑度，其余数据集的训练结果与之类似，在此省略不表。总体上，困惑度越低，说明模型对观测数据的解释性和预测能力越好。

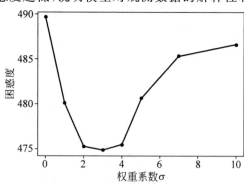

图 5.3   ***HP*** 训练集中观测词语的困惑度随权重系数 *σ* 的变化情况

当 $\sigma=0$，即评分的相对权重系数为 0 时，JST-RR 模型中实际只有评论文本部分参与预测，与 JST 模型效果等价。根据图 5.3 中的结果，当设置合适的权重系数 σ 时，JST-RR 模型的预测困惑度较 JST 模型（或 JST-RR 模型在 $\sigma=0$ 时的情况）有所降低，说明引入评分进行联合建模可以提升模型在评论词部分的预测效果。本节实验选取的模型在交叉验证结果中表现最好，即困惑度最低时设置对应的权重系数 σ。

　　根据各自选定的最优参数设置，图 5.4 中展示了在 3 个实验测试集中，不同模型在不同主题数量 K 的设置下，对观测词语的预测困惑度的结果对

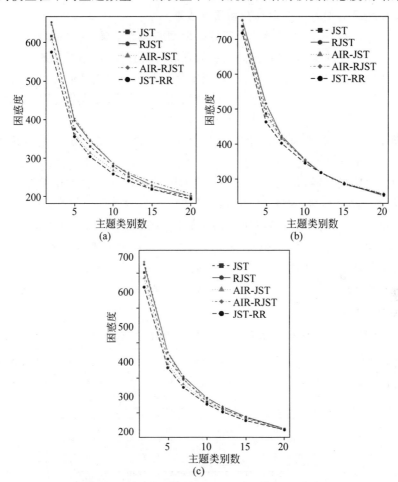

图 5.4　不同主题类别数量 K 下的模型对比结果

（a）*Dell* 数据集；（b）*HP* 数据集；（c）*Lenovo* 数据集

比。总体上，JST-RR 模型在各个数据测试集上都取得了最低的困惑度和最优的预测结果。且在大部分实验情景中，同时考虑评论文本和评论评分的联合模型（如 AIR-JST、AIR-RJST、JST-RR）相较于只考虑评论文本单一数据源的模型（如 JST、RJST），预测结果有所提升，这进一步说明，引入评分进行联合建模可以提升模型在评论词部分的预测效果。此外，对比如 AIR-JST 和 AIR-RJST 一类的 AIR 模型，本章中提出的 JST-RR 模型充分考虑到评分所反映的总体情感特征和文本所反映的局部情感特征之间的关联，能够对评论中文本和评分之间的动态相关性进行灵活建模，较之前两类 AIR 模型具有更好的数据解释和预测效果。

此外，我们可以从定性的角度评估模型的训练结果，主要包括模型抽取得到的评论中的主题，以及情感的有效性和可解释性。一方面，各主题及情感的特性可由它对应的词语分布进行解释，例如，根据模型估计得到的各主题、情感对应的词语分布参数 $\hat{\varphi}$，可以抽取出各个主题及情感类别下的高频词，用于帮助理解各主题及情感类别的概念。

以 Dell 数据集的训练结果为例，表 5.2 中展示了 5 个示例主题下对应的正向及负向高频词。每个主题分别涵盖了一个与 Dell 电脑的产品或服务相关的质量维度，如电池（主题 1）、内存及速度（主题 2）、快递及退货服务（主题 3）、网络连接（主题 4）、外设（主题 5）。在主题的各个情感分类下，从部分高频词中可以明显看出对应的情感属性，其中一部分词（如"good""not_work"）体现了用户整体的情感倾向，这类词在各个主题下都频繁出现，属于各主题共享的通用情感表达词汇；而另一部分词承载的情感属性强烈依赖对应的主题类别，如"crash"和"burn"只在表达与主题 2（内存及速度）相关的负向情感时出现。

表 5.2　*Dell* 数据集抽取得到的示例主题及其对应情感分类下的高频词

主题 1		主题 2		主题 3		主题 4		主题 5	
正向	负向	正向	负向	正向	负向	正向	负向	正向	负向
batteri	problem	gb	drive	great	amazon	use	problem	screen	screen
power	hour	ram	hard	ship	return	internet	connect	keyboard	keyboard
use	year	processor	dvd	arriv	receiv	work	internet	mous	use
good	replac	drive	cd	fast	sent	web	wireless	use	touch
life	power	memori	not_work	amazon	seller	offic	issu	like	key

续表

主题 1		主题 2		主题 3		主题 4		主题 5	
正向	负向	正向	负向	正向	负向	正向	负向	正向	负向
hour	month	hard	comput	well	order	wireless	time	feel	pad
still	bought	core	replac	seller	product	great	wifi	nice	button
year	batteri	card	littl	time	back	home	tri	good	mous
get	mother-board	ghz	old	good	ship	connect	card	speaker	type
like	first	intel	disk	order	refund	program	driver	featur	finger
time	issu	speed	burn	came	disap-point	surf	fix	key	annoy
last	time	hd	usb	product	item	run	seem	pro	plastic
work	turn	graphic	bad	receiv	day	open	slow	light	start
charg	last	cpu	instal	recom-mend	contact	fast	not_work	tablet	issu
thing	day	dual	fail	condit	send	easi	return	display	back
great	charg	dvd	player	got	box	basic	minut	touch	click
overal	repair	slot	port	packag	refurbish	like	network	qualiti	touchpad
need	ago	perform	disc	box	arriv	load	open	model	open
review	board	ssd	crash	happi	get	download	updat	easi	left
well	start	pentium	ram	thank	week	love	old	inspiron	fan

另一方面,情感的抽取结果也可以由模型估计的情感-评分分布来表征。图 5.5 中展示了在设置主题数量 $K=5$ 时,由 3 个数据集估计得到的各情感类别(正向、负向)下的评分分布 $\hat{\mu}$。根据图 5.5 中的结果,正向与负向情感类别下的评分分布可被明显区分,其中,正向情感类别对应的评分会更高,而负向情感类别下的评分更低,这一结果也与实际情况相符合。

根据上述定量及定性的分析结果,可以证明,本章提出的 JST-RR 模型在评论数据建模上具有优越性。从定性评估的角度,本章提出的模型可以从评论文本和评论评分混合数据中抽取出解释性良好的主题及情感概念;从定量比较的角度,本书的模型相较于其他对比模型在测试集上的解释预测效果更好,模型泛化能力也更强。

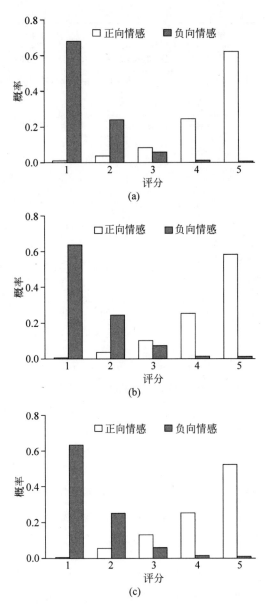

图 5.5　主题数量 $K=5$ 时，三个数据集在各情感类别（正向/负向）下的
评分（r）分布 μ

（a）μ^{Dell}；（b）μ^{HP}；（c）μ^{Lenovo}

5.4.3　监测效果

本节进一步评估了根据联合建模结果提出的 Sequential JST-RR 控制图在线上监测中的效果。本节将第 4 章中提出的仅针对评论中文本部分的 SRJST 控制图作为对比控制图,由于第 4 章中的 SRJST 控制图仅设置一个总体检验统计量 Q_i 对评论文本中涉及的主题和情感偏移进行同时检测,因此本节将该统计量进一步分解为互相独立的 $Q_i^{\text{sentiment}}$ 和 Q_i^{topic},分别用于监测评论文本在情感和主题上的偏移,其形式与式(5-21)类似,并分别对两个统计量进行检验和控制图的绘制,便于与本章提出的联合控制图进行对比。两种控制图中均设置平滑系数 $1/(1+\rho)=0.3$。

以 *Dell* 数据集的监测为例,本节设定主题类别数量 $K=10$,以 2013 年 6 月 20 日到 11 月 16 日的 150 天内的评论文档作为受控状态下的历史样本估算得到模型参数,并利用自助采样法通过仿真确定各个控制图的上控制界(或拒绝域),使情感和主题控制图在受控情况下的各自的平均链长 $\text{ARL}_0=400$,此时根据多重控制图的独立检验计算[119],总体的情感和主题双重控制图的 $\text{ARL}_0=200$。本节根据算法 5.2 中的流程对 2013 年 11 月 17 日到 2014 年 1 月 15 日的 60 天内的评论进行在线监视。图 5.6 中展示了不同控制图在上述时间内的监测结果。

可以看到,Sequential JST-RR 控制图和 SRJST 控制图都在第 $160\sim$ 175 天(2013 年 11 月 26 日到 12 月 11 日)的时间范围内触发了明显的报警信号,且从单个控制图的监测来看,主题和情感维度皆发生了明显偏移。此外,我们通过对触发报警的因素进行进一步诊断发现,顾客在触发报警的时间段内留下的评论数据中的总体情感倾向明显更加负面,如在前 150 天的样本中的评分均值约为 3.806,而在触发报警信号的近 16 天内的评分均值降为 3.578,尤其是关于快递退货服务、质保、产品外观等方面的负评数量和比例明显增多。虽然要确定该变化背后反映的真实问题仍需要进行更加全面而仔细的分析,但我们依然有理由将这一段时间内的突变原因与 11 月底到 12 月初的"黑色星期五"购物节相联系,与这一购物节相关的一些因素,如用户在消费刺激下的冲动购买、暴增的购物量和退货量,可能会导致评论中上述质量维度的负向情感突增。

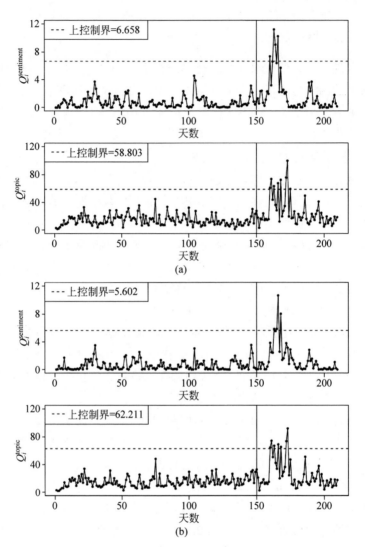

图 5.6　不同控制图对 *Dell* 数据的监测结果

（a）Sequential JST-RR 控制图；（b）SRJST 控制图

5.5　数　值　实　验

　　为了进一步验证本章提出的评论混合数据联合建模及监测方法的有效性,本节利用已知参数人为地生成多个评论文档,即评论词语与评论评分的集合,利用该仿真数据,一方面,评估本书提出的评论文本与评论评分联合建模方法(JST-RR)在模型估计上的准确性,另一方面,评估主题及情感双重控制图(Sequential JST-RR 控制图)在发生主题及情感偏移时的监测效果。

5.5.1　建模效果

本节根据已知参数生成仿真评论数据集,用上文提出的吉布斯抽样的估计方法对仿真数据集进行参数估计,通过计算各个模型及实验设定下的参数估计结果和真实参数之间的距离,评估模型估计的准确性及相关影响因素的作用。

本节随机产生文档的主题及情感联合概率分布 $P(l,z)=\pi_l\theta_{l,z}$,并采用从 5.4.2 节中训练得到的 $Dell$ 数据集的词语分布及评分分布的经验参数 φ 和 μ,根据 5.2.1 节中的文档生成过程生成仿真数据集。其中,选定主题数量 $K=5$ 和情感数量 $S=2$。对于所生成文档中词语的样本数量 N 和评分的样本数量 M,考虑几种不同的比例组合:$M\in\{1,2,3,4,5,7,10\}$,并对 M 取值,有 $N\in\{10M,20M,30M\}$。

此外,考虑到不同数据集的评分分布存在差异,为了获得更加全面的评估结果,本节加入两种极端情况下的评分分布生成仿真数据,如图 5.7 所示。其中,μ^{diff} 代表两种情感类别下评分分布完全可区分的情况,而 μ^{unif} 代表另一个极端,即两种情感类别下的评分服从均匀分布。

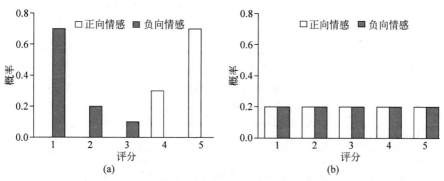

图 5.7　两种极端情况对应的各情感类别(正向/负向)下的评分(r)分布 μ

(a) μ^{diff}(完全区分);(b) μ^{unif}(完全混杂)

根据香农的信息理论,我们可以用信息增益(information gain,IG)度量不同的评分分布给情感分类带来的提升。例如,给定评分 $r\in\{1,2,3,4,5\}$ 的条件下,对评论情感 $l\in\{1,2,\cdots,S\}$ 的预测带来的信息增益定义为

$$\mathrm{IG}(l,r) = H(l) - H(l \mid r)$$

$$= \sum_{r=1}^{5} P(r) \sum_{l=1}^{S} P(l \mid r) \ln P(l \mid r) - \sum_{l=1}^{S} P(l) \ln P(l)$$

$$(5\text{-}25)$$

该信息增益值表示在情感预测中,单个评分平均降低的不确定性的量化指标。容易推导出,当考虑极端评分分布 μ^{diff} 的情况时,式(5-25)中的信息增益最大化,即 $H(l|r) = 0$,有 $\mathrm{IG}(l,r) = H(l)$,这是由于此时不同情感类别下的评分完全可区分,因此根据单个评分可以完全确定所对应的情感类别;而在另一个极端情况下,考虑 μ^{unif} 所对应的评分分布时,式(5-25)中的信息增益最小化:$\mathrm{IG}(l,r) = 0$,即均匀分布的评分没有在情感的预测中带来任何提升。在实际中,真实数据集的评分分布往往会介于 μ^{diff} 和 μ^{unif} 之间。

本节考虑了表 5.3 中的四种模型及相关实验设定,并进行对比实验。在本节的仿真实验中,由于仿真数据集的生成方式采用 JST 类模型的概率生成过程,因此,为保证结果的可比性,本节也只考虑对 JST 类的相关模型(如 JST 模型和 JST-RR 模型)进行对比。在每个模型及对应实验设定下,各自生成样本量 $D = 1000$ 的评论文档集合,且在相同环境和条件下实施建模过程,保证可比性。

表 5.3　对比模型及相关实验设定介绍

模型及实验设定	描　述
JST-RR(μ^{diff})	依据参数 μ^{diff}(见图 5.7(a))生成仿真数据中的评分,采用 JST-RR 模型对评分和文本进行联合建模
JST-RR(μ^{unif})	依据参数 μ^{unif}(见图 5.7(b))生成仿真数据中的评分,采用 JST-RR 模型对评分和文本进行联合建模
JST-RR(μ^{Dell})	依据 Dell 数据集训练得到的经验参数 μ^{Dell}(见图 5.5(a))生成仿真数据中的评分,采用 JST-RR 模型对评分和文本进行联合建模
JST(基准模型)	不考虑仿真数据集的评分部分,只对数据中的文本词语部分采用 JST 模型建模

为了评估模型估计的准确性,本节用 KL 距离度量模型估计参数与真实参数值之间的偏差。考虑到在本书所提出的 JST-RR 模型中引入评分后,较基准模型,JST 对参数估计的影响主要体现在文档层级的情感分布上,因此本节主要测量文档情感分布参数 π 的估计偏差,根据 KL 距离定义为

$$D_{\mathrm{KL}}(\hat{\pi}, \pi) = \sum_{l} \hat{\pi}_l \ln \frac{\hat{\pi}_l}{\pi_l} \tag{5-26}$$

式 (5-26) 中的值越小，模型估计参数 $\hat{\pi}$ 与其真实值之间的偏差越小，模型的准确性越高。

表 5.4 展示了不同模型及实验设定下，对情感分布参数 π 的平均估计偏差，其中括号内为平均偏差的标准差。其中，各模型及对应实验设定下的调整参数（如 JST-RR 模型中的 σ），皆通过在单独生成的验证集中进行效果交叉验证来选取，其过程与 5.4.2 节中的参数选取过程类似，在此不作赘述。

表 5.4　模型情感分布参数 π 的估计偏差

$N/M=10$				
M	N	JST/JST-RR(μ^{unif})	JST-RR(μ^{Dell})	JST-RR(μ^{diff})
1	10	0.1491(0.0059)	0.1324(0.0052)	**0.1190(0.0047)**
2	20	0.0734(0.0036)	0.0565(0.0025)	**0.0541(0.0021)**
3	30	0.0500(0.0022)	0.0386(0.0017)	**0.0333(0.0014)**
4	40	0.0375(0.0018)	0.0298(0.0013)	**0.0225(0.0011)**
5	50	0.0291(0.0013)	0.0199(0.0008)	**0.0195(0.0008)**
7	70	0.0190(0.0008)	0.0146(0.0007)	**0.0127(0.0005)**
10	100	0.0125(0.0005)	0.0096(0.0004)	**0.0094(0.0004)**

$N/M=20$				
M	N	JST/JST-RR(μ^{unif})	JST-RR(μ^{Dell})	JST-RR(μ^{diff})
1	20	0.0688(0.0028)	0.0627(0.0026)	**0.0574(0.0029)**
2	40	0.0320(0.0014)	0.0283(0.0014)	**0.0240(0.0011)**
3	60	0.0216(0.0010)	0.0191(0.0008)	**0.0172(0.0008)**
4	80	0.0155(0.0007)	0.0136(0.0006)	**0.0135(0.0006)**
5	100	0.0128(0.0006)	0.0104(0.0005)	**0.0098(0.0005)**
7	140	0.0073(0.0003)	0.0066(0.0003)	**0.0058(0.0003)**
10	200	0.0054(0.0002)	**0.0046(0.0002)**	**0.0046(0.0002)**

$N/M=30$				
M	N	JST/JST-RR(μ^{unif})	JST-RR(μ^{Dell})	JST-RR(μ^{diff})
1	30	0.0515(0.0023)	0.0461(0.0021)	**0.0440(0.0021)**
2	60	0.0227(0.0009)	0.0194(0.0009)	**0.0183(0.0008)**
3	90	0.0140(0.0006)	0.0121(0.0005)	**0.0120(0.0005)**
4	120	0.0095(0.0005)	0.0087(0.0004)	**0.0076(0.0004)**
5	150	0.0077(0.0003)	0.0068(0.0003)	**0.0065(0.0003)**
7	210	0.0055(0.0002)	0.0046(0.0002)	**0.0041(0.0002)**
10	300	0.0036(0.0002)	0.0031(0.0001)	**0.0029(0.0001)**

　　总体上,文档内的词语及评分样本数量(N、M)越多,对文档层级的情感分布的估计偏差越小,估计越准确。根据不同模型及实验设定下的对比结果,可证实采用$\boldsymbol{\mu}^{\text{diff}}$,即本研究提出的 JST-RR 模型引入有明显区分度的评分分布(图 5.7(a))时,模型估计的偏差最小,表现最好。这说明相较于只考虑文本部分的基准模型 JST,当加入评论中的评分信息,尤其是当不同情感类别下的评分可明显区分时,由于此时评分为情感分类带来的信息增益最大化,因此会给评论文档的情感估计的准确性带来明显提升。反之,如果引入的评分是服从均匀分布的(见图 5.7(b)),则对评论文档的情感分类并无增益,此时用 JST-RR 模型对评论文档的建模结果等价于基准模型 JST 的结果,即此时 JST-RR 模型中的评分权重系数 $\sigma = 0$,只依赖评论的文本部分进行参数估计。综上所述,可知当评论中评分带来的信息增益较大时,本章提出的 JST-RR 模型在评论文档的情感预测上具有更好的效果。

　　此外,本节还比较了在词语与评分数量的比值(N/M)不同的情况下的模型估计效果,并在图 5.8 中展示了模型估计的情感偏差在不同数量比值($N/M = 10, 20, 30$)下的结果。可以明显看出,当词语与评分数量的比值 N/M 较小,如 $N/M = 10$ 时(见图 5.8(a)),JST-RR 模型较基准模型的提升更明显;而随着比值 N/M 增大,如 $N/M = 30$ 时(见图 5.8(c)),JST-RR 模型相对于 JST 模型的优势在缩小。该结果与实际情况相符合,这是因为,当词语与评分的数量比值 N/M 较大时,往往对应比较长或者叙述详尽的评论文本,此时文本自身已经能够提供足够的信息用于评论的情感预测,因此引入评分带来的模型提升不再显著,反之,如果 N/M 较小,则此时评论文本比较短小,难以提供准确的推断信息,引入评分中的补充信息意义更大。综上所述,本章提出的评论文本与评论评分的联合建模方法(JST-RR 模型)在短评论文档中表现更优越,模型也更适用于该种情况。

5.5.2　监测效果

　　本节将利用仿真生成的评论数据集,评估所提出的针对评论文本和评论评分混合数据的主题及情感联合控制图(Sequential JST-RR 控制图)在评论中发生主题及情感偏移时的监测效果。选定主题数量 $K = 10$ 和情感数量 $S = 2$ 后,同样采用从 5.4.2 节中训练得到的 $Dell$ 数据集的词语分布及评分分布的经验参数 φ 和 μ,并根据已知的文档层级情感及主题分布参数 π 和 θ,按照 5.2.1 节中的文档生成过程生成仿真数据集。其中,所生成

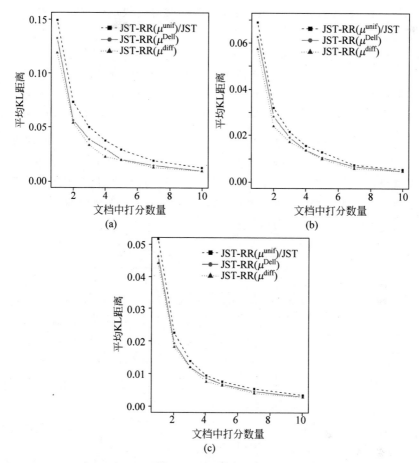

**图 5.8 词语与评分数量比值(N/M)不同情况下的模型估计偏差
（由平均 KL 距离度量）**

（a）$N/M=10$；（b）$N/M=20$；（c）$N/M=30$

的评论文档在受控情况下的主题及情感联合概率分布 $P_0(l,z)=\pi_l^{(0)}\theta_{l,z}^{(0)}$
和失控情况下的联合分布 $P_1(l,z)=\pi_l^{(1)}\theta_{l,z}^{(1)}$ 之间的偏移程度用 KL 距离
度量。

　　本节将第 4 章中提出的单独针对评论文本的主题-情感监测方法
（SRJST）适配于本章中的实验环境，作为对比方法，通过仿真调整各控制图
的控制界，使所有监测方法在受控情况下的总平均运行链长 $ARL_0=370$，
此时对应的一类错误概率约为 0.0027。之后，我们以各控制图在失控情况
下的总平均运行链长 ARL_1 作为评价控制图效果的直接指标，即在 ARL_0

相同的条件下，ARL_1 越小的监测方法能够相对更快地检验出过程参数的偏移，对应的监测效果更好。

　　一方面，我们考虑系统在某一主题类别 z 下对应的情感分布 $P(l|z)$ 的偏移，该类型的偏移常常对应评论中用户对某一产品及服务质量维度的情感变化，直接反映了特定维度下用户感知的产品及服务质量的水平。表 5.5 展示了在不同情感偏移程度下的监测结果，其中每一个 ARL 值都是根据 10 000 次实验的结果计算得到的平均值，括号中展示它对应的标准差，模型分布的偏移程度由 KL 距离度量。本节比较了在不同词语及评分样本数量下的监测结果，其中将仅对评论文本进行单一监测的 SRJST 控制图作为比较方法，并将词语样本量 $N=1000$ 情况下的 SRJST 控制图的监测结果视为比较基准。

表 5.5　不同监测方法在情感分布偏移下的 ARL 结果

编号	偏移程度 KL 距离	基准情况 $N=1000$	SRJST			
			$N=1100$	$N=1200$	$N=1500$	$N=2000$
1	0.000 000	373.3(3.682)	372.5(3.514)	370.8(3.529)	370.8(3.321)	370.0(3.476)
2	0.000 475	141.5(1.237)	134.6(1.187)	126.0(1.078)	107.1(0.905)	87.15(0.726)
3	0.001 266	66.08(0.524)	59.55(0.456)	54.31(0.410)	45.29(0.334)	35.31(0.242)
4	0.004 629	19.10(0.108)	17.36(0.094)	16.38(0.086)	13.82(0.070)	11.09(0.050)
5	0.009 680	9.955(0.043)	9.264(0.040)	8.778(0.036)	7.471(0.029)	6.237(0.022)

编号	偏移程度 KL 距离	基准情况 $N=1000$	连续 JST-RR			
			$N=1000$ $M=100$	$N=1000$ $M=200$	$N=1000$ $M=500$	$N=1000$ $M=1000$
1	0.000 000	373.3(3.682)	371.5(3.398)	373.0(3.468)	369.2(3.516)	372.3(3.530)
2	0.000 475	141.5(1.237)	127.2(1.137)	120.1(1.072)	95.95(0.829)	71.33(0.615)
3	0.001 266	66.08(0.524)	55.91(0.447)	52.41(0.409)	38.44(0.294)	26.32(0.200)
4	0.004 629	19.10(0.108)	15.92(0.089)	14.61(0.083)	10.67(0.058)	7.387(0.035)
5	0.009 680	9.955(0.043)	8.345(0.037)	7.559(0.033)	5.617(0.022)	4.107(0.014)

　　根据表 5.5 中的结果，相较于基准情况（$N=1000$），即只考虑对评论中的文本词语部分进行状态评估和监测，本章提出的连续 JST-RR 控制图在引入评论中的评分进行联合监测后，随着引入的评分数量的增多（$M=100$，$200,500,1000$），在失控情况下的 ARL_1 更小，总体上的监测效果也更好，该结果说明，本书提出的针对评论文本和评论评分的联合监测方法相较于

仅针对评论文本的单一监测方法能更快地发现用户评论背后的情感变化。

为了进一步对比评论中的词语和评分对于情感监测的提升效用,本节同时在表 5.5 中对两种监测方法进行了一对一的比较,在基准情况($N=1000$)的基础上,分别增加同样数量的评分和评论词语,一对一对比两种样本数据($N=1100$ 比 $N=1000$,$M=100$;$N=1200$ 比 $N=1000$,$M=200$;$N=1500$ 比 $N=1000$,$M=500$;$N=2000$ 比 $N=1000$,$M=1000$)给模型监测带来的提升效果。对比结果证明,引入评分比增加相同数量的文本词语对情感监测的提升效果更显著。这是因为,用评分表达情感倾向比用相同数量的词语表达情感更准确,例如,根据式(5-25)中信息增益的定义分别计算评分和词语对评论情感预测带来的信息增益,以 $Dell$ 数据集的计算结果为例,可得到单个评分给情感分类带来的平均信息增益值约为 0.378,而单个文本词语给情感分类带来的平均信息增益值约为 0.226,从信息理论的角度,评分较文本词语给评论情感预测带来的信息增益更大,因此在情感监测上带来的提升效果也更明显。

另一方面,本节考虑系统在评论整体的主题分布 $P(z)$ 上的偏移,该类型的偏移常常反映了用户对产品及服务在不同维度的关注点的变化,能够帮助商家判断、辨别重要的质量维度。表 5.6 展示了在不同主题偏移程度下的监测结果,其中每一个 ARL 值都是根据 10 000 次的实验结果计算得到的平均值,括号中展示 ARL 值对应的标准差,模型分布的偏移程度同样由 KL 距离度量。本节比较了在不同词语及评分样本数量下的监测结果,其中在词语样本量 $N=1000$ 情况下的 SRJST 控制图的监测结果可视为比较基准。根据表 5.6 中的结果,相较于基准情况($N=1000$),即只考虑对评论中的文本词语进行监测,本章提出的连续 JST-RR 控制图在主题监测上依然取得了更好的监测效果,且随着引入评分数量的增加,提升效果更显著,该结果与上文中监测情感偏移时的结果一致。

同样,本节在表 5.6 中对两种监测方法在主题分布偏移下的结果进行了一对一的比较,在基准情况($N=1000$)的基础上,分别增加同样数量的评分和评论词语,一对一对比两种样本数据($N=1100$ 比 $N=1000$,$M=100$;$N=1200$ 比 $N=1000$,$M=200$;$N=1500$ 比 $N=1000$,$M=500$;$N=2000$ 比 $N=1000$,$M=1000$)给模型监测带来的提升效果。对比结果表明,在主题分布的监测中,增加文本词语比引入相同数量的评分更有助于快速发现用户评论中的主题变化。这是因为,评分本身没有直接带来主题相关信息,只具有情感属性,因此评论中的评分对主题分布的变化不敏感。

表 5.6　不同监测方法在主题分布偏移下的 ARL 结果

编号	偏移程度 KL 距离	基准情况 $N=1000$	SRJST			
			$N=1100$	$N=1200$	$N=1500$	$N=2000$
1	0.000 000	373.3(3.682)	372.5(3.514)	370.8(3.529)	370.8(3.321)	370.0(3.476)
2	0.000 371	202.7(1.834)	188.7(1.674)	187.4(1.688)	169.1(1.494)	142.5(1.237)
3	0.001 442	72.35(0.576)	66.37(0.528)	60.20(0.464)	48.05(0.354)	33.46(0.216)
4	0.003 166	28.48(0.175)	24.99(0.143)	22.65(0.122)	17.93(0.084)	13.33(0.051)
5	0.008 429	9.710(0.030)	8.932(0.026)	8.457(0.023)	7.096(0.017)	5.840(0.012)

编号	偏移程度 KL 距离	基准情况 $N=1000$	连续 JST-RR			
			$N=1000$ $M=100$	$N=1000$ $M=200$	$N=1000$ $M=500$	$N=1000$ $M=1000$
1	0.000 000	373.3(3.682)	371.5(3.398)	373.0(3.468)	369.2(3.516)	372.3(3.530)
2	0.000 371	202.7(1.834)	190.9(1.784)	185.8(1.689)	168.0(1.242)	140.8(1.286)
3	0.001 442	72.35(0.576)	66.77(0.548)	63.85(0.504)	54.68(0.433)	41.84(0.336)
4	0.003 166	28.48(0.175)	25.66(0.162)	25.13(0.153)	21.86(0.133)	17.41(0.106)
5	0.008 429	9.710(0.030)	9.013(0.030)	9.072(0.030)	8.134(0.028)	6.807(0.026)

　　综上所述,本章提出的针对评论文本与评论评分的联合监测方法(连续 JST-RR 控制图)相较于仅针对评论文本的单一监测方法(SRJST 控制图)能够更快地检测到评论背后情感及主题分布的变化,且由于评分在情感表达上的准确性,引入评分的联合监测方法在监视评论总体情感分布上具有更显著的优势。

5.6　本章小结

　　本章针对用户评论中文本和评分两种异构类型数据,提出了一个联合概率生成模型(JST-RR)对数据进行评论主题和情感的信息融合及特征抽取,并进一步将该模型适配于线上商品评论的在线监测过程,从而提出对应的在线监测控制图(连续 JST-RR 控制图)。

　　根据充分的仿真实验和案例结果分析,本章提出的 JST-RR 模型能够联合文本和评分数据抽取得到有效的评论主题与情感特征,且对评论数据集的解释性和预测能力较基准模型(只考虑对评论中的文本进行分析建模)和其他联合模型具有明显的优势。此外,本章针对在线监测所提出的连续 JST-RR 控制图较基准监测方法能更快监测到过程参数在主题和情感上的偏移，其中，引入的评分尤其对评论情感偏移的检测效果的提升更显著。综上所述，引入用户评论中的评分信息，能够在一定程度上与评论中低"信噪比"的文本数据形成互补，从而实现更好的数据预测和在线监测效果。值得注意的是，本章提出的联合建模与监测方法，在词语与评分数量比值较小的短评论中，以及数据集中不同情感属性下的评分分布具有明显区分度时，所带来的预测效果和监测效果的提升更加显著。

第6章 总结与展望

6.1 本书的主要工作及贡献总结

本书以电商平台用户反馈的评论数据为研究对象,围绕基于此类数据的线上产品及服务质量评价和质量监测这一核心目的,主要从用户评论的异常检测、评论文本的建模与监测、评论文本与评论评分的联合建模与监测三方面进行了一系列的方法探索和应用实践。根据第2章中对研究问题所涉及领域的广泛文献调研,本书总结了现有应用及相关方法中的不足之处,并在以下工作中提供了解决方案。

1. 针对评论有效性的异常检测

第3章针对用户评论数据中的非评论和模糊评论这两类典型异常,设计了一个分层主题模型提取评论文本内容中的语义特征,并根据所提取的特征同时提出一个基于非监督学习的异常评论检测模型和一个基于监督学习的异常评论检测模型,能广泛适应不同情境和应用条件下的评论异常检测问题。其中,基于非监督学习的异常检测模型,能够在不依赖打标数据的情况下,较好地完成异常检测任务,且检验准确率和基本的监督学习方法——朴素贝叶斯不相上下,推荐用于数据准备阶段快速过滤评论中的异常数据;而基于监督学习的异常检测模型,能够融合评论内容中的词嵌入语义特征和分层主题特征,在检测准确率上优于单一特征输入的模型,推荐用于历史打标数据充足条件下的评论异常检测任务。同时,此过程中提取的评论语义特征可以和现有文献中的多种评论特征相结合,实现对评论中异常内容的快速识别过滤,为后续的评论建模分析及监测提供高质量的数据基础。

2. 基于主题-情感表示学习的评论文本建模和监测

第 4 章在现有的评论文本主题-情感表示学习方法的基础上，考虑线上评论在时间上的定量变化特点，提出了一个适用于线上评论文本建模的顺序概率生成模型，并根据模型对线上评论文本的状态估计结果设计对应的在线监测方法，能够有效检测出线上评论文本中主题和情感的偏移，尤其对偏移尺度较小的情况更为敏感，而在触发异常信号后，检验统计量的可分解性质也使后续的根源诊断分析更加容易。该研究工作是第一个在统计过程控制的框架下利用用户直接反馈的评论文本数据实现线上产品服务过程中主题和情感联合监测的通用方法，从售后反馈的角度对产品制造完成之后的状态及相关服务进行了追踪和监测，能够帮助实现产品售后阶段的质量问题预警和质量控制。

3. 评论文本和评论评分的联合主题-情感建模与监测

考虑到评论中文本和评分两种类型数据之间的动态相关性，第 5 章提出了一个通用的联合概率模型对两类数据进行主题-情感的信息融合，并设计了对应的参数估计方法，根据充分的数值实验及案例分析，该模型能够联合文本和评分数据抽取得到有效的评论主题和情感特征，且对评论数据集的解释性和预测能力较基准模型具有明显优势。而基于该联合模型的估计结果所提出的在线监视控制图较仅针对评论文本的基准监测方法能更快监测到过程参数在主题和情感上的偏移。值得注意的是，本书提出的评论文本和评论评分联合建模与监测方法，在文本词语与评分数量比值较小的短评论中，以及当数据集中不同情感属性下的评分分布具有明显区分度时，所带来的预测效果和监测效果的提升更加显著。

在上述研究工作的基础上，本书为基于电商用户评论的线上商品及服务质量的评价和监测做出了以下贡献：①在前期保障评论数据有效性的异常检测中，引入新的评论文本分层主题特征，增强对评论中典型异常内容的解释和表征，融入该分层主题特征所提出的评论异常检测模型在检测准确率上表现更优；②在中期针对非结构化评论数据的表示学习和信息量化中，考虑评论文本和评论评分之间的动态相关性，提出一个新的联合概率生成模型，提高了评论中主题-情感特征提取的准确度和对评论的解释预测效果；③在后期的评论在线监测过程中，考虑在线评论在时间上的定量变化特点进行动态的主题-情感建模估计，并在统计过程控制框架下设计了一个新的、同时针对用户评论中主题和情感的联合监测及诊断方法,实现了对在线评论背后反映的用户感知质量的快速评价和监测。

6.2　未来工作展望

在本书的研究基础上,我们认为未来还有以下几个研究方向值得进行更加深入的探索。

1. 融合更多评论相关数据

本书中的研究主要针对用户评论中的文本和评分两个方面,而用户评论中常包含其他一些除实际评论内容外的元数据,如评论者的身份、发布评论的时间、设备及地址等信息,将这类评论元数据与评论内容进行联合分析,融合元数据与评论内容中的特征,有利于对用户行为的理解和预测,提升评论异常检测及量化分析的效果。此外,本研究所用的评分主要指大部分网站上最通用的总体评分,除总体评分外,许多网站上还提供用户对产品及服务在某个特定维度下的评分,将这类评分信息融合到联合建模过程中,更有利于对评论中主题和情感特征之间相关关系的学习。

2. 数据聚合方式和粗细粒度的探索

在本书的案例应用中,我们以"天"作为监测的时间单位,以同一类产品的每日评论作为整合的单个样本进行监测。在实际应用中,可根据监测对象和时间范围的不同选择不同粗细粒度的评论样本进行整合,而选择数据聚合的时间粒度及整合方式对模型的建模和监测效果有着显著影响,可作为未来的一大研究方向。此外,在对评论数据进行主题特征建模抽取的过程中,本书采用人为指定主题数量的方式,而不同数据集的最优主题数具有明显差别,往往难以直接指定,因此在未来的研究中,可考虑进一步引入非参贝叶斯的方法[49]实现评论中最优主题类别数和主题分类粒度的自动学习。

3. 更加完善的监测方案

一个有效的监测方法需要建立在过程数据中"异常(失控)"和"正常(受控)"状态之间较为明晰的界定标准上,与传统的生产制造过程数据相比,本书针对的线上评论数据的波动更大,在时间轴上迁移演化的规律也更加复杂,因此在进行线上监测之前,需要一个更加严格规范的第一阶段(Phase Ⅰ)分析,即根据历史数据中的规律,对过程的失控和受控情况进行评估学习和严格区分,消除评论自然演化以外的系统性波动因素。此外,针对线上产品服务过程中的动态变化,可根据动态预测结果设计自适应调节的控制图,实现更加灵活的动态监测。

参 考 文 献

[1] GUPTA P, HARRIS J. How e-wom recommendations influence product consideration and quality of choice: A motivation to process information perspective[J]. Journal of Business Research,2010,63(9-10): 1041-1049.

[2] PARK D H,LEE J,HAN I. The effect of on-line consumer reviews on consumer purchasing in-tention: The moderating role of involvement [J]. International Journal of Electronic Commerce,2007,11(4): 125-148.

[3] ZHU F,ZHANG X. Impact of online consumer reviews on sales: The moderating role of product and consumer characteristics [J]. Journal of Marketing, 2010, 74(2): 133-148.

[4] MOSTAFA M M. More than words: Social networks'text mining for consumer brand sentiments [J]. Expert Systems with Applications, 2013, 40 (10): 4241-4251.

[5] ABRAHAMS A S,JIAO J,WANG G A,et al. Vehicle defect discovery from social media[J]. Decision Support Systems,2012,54(1): 87-97.

[6] ZHENG L,HE Z, HE S. A novel probabilistic graphic model to detect product defects from social media data[J]. Decision Support Systems,2020,137: 113369.

[7] DUAN W,CAO Q,YU Y,et al. Mining online user-generated content: using sentiment analysis technique to study hotel service quality[C]. Wailea, USA: 2013 46th Hawaii International Conference on System Sciences,2013: 3119-3128.

[8] SPERKOVÁ L,VENCOVSKY F, BRUCKNER T. How to measure quality of service using unstructured data analysis: A general method design[J]. Journal of Systems Integration,2015,6(4): 3-16.

[9] DUAN W,YU Y,CAO Q,et al. Exploring the impact of social media on hotel service performance: A sentimental analysis approach [J]. Cornell Hospitality Quarterly,2016,57(3): 282-296.

[10] DAVE K,LAWRENCE S,PENNOCK D M. Mining the peanut gallery: Opinion extraction and semantic classification of product reviews[C]. Budapest,Hungary: Proceedings of the 12th International Conference on World Wide Web,2003: 519-528.

[11] ROBERTS M E, STEWART B M, AIROLDI E M. A model of text for experimentation in the social sciences [J]. Journal of the American Statistical

Association,2016,111(515): 988-1003.

[12] LU Y,TSAPARAS P,NTOULAS A,et al. Exploiting social context for review quality prediction[C]. Raleigh, North Carolina, USA: Proceedings of the 19th International Conference on World Wide Web,2010: 691-700.

[13] JINDAL N,LIU B. Analyzing and detecting review spam[C]. Omaha,NE,USA: Seventh IEEE International Conference on Data Mining(ICDM 2007),2007: 547-552.

[14] HEYDARI A,ALI TAVAKOLI M,SALIM N,et al. Detection of review spam: A survey[J]. Expert Systems with Applications,2015,42(7): 3634-3642.

[15] LI F H,HUANG M, YANG Y,et al. Learning to identify review spam[C]. Barcelona, Catalonia Spain: Twenty-second Inter-national Joint Conference on Artificial Intelligence,2011: 2488-2493.

[16] MUKHERJEE A,VENKATARAMAN V,LIU B,et al. What yelp fake review filter might be doing?[C]. Cambridge,Massachusetts,USA: Proceedings of the International AAAI Conference on Web and Social Media,2013: 409-418.

[17] HU X,TANG J, GAO H, et al. Social spammer detection with sentiment information[C]. Shenzhen,China: 2014 IEEE International Conference on Data Mining,2014: 180-189.

[18] XIE S,WANG G, LIN S, et al. Review spam detection via temporal pattern discovery [C]. Beijing, China: Proceedings of the 18th ACM SIGKDD International Conference on Knowledge Discovery and Data Mining, 2012: 823-831.

[19] MUKHERJEE A,KUMAR A,LIU B,et al. Spotting opinion spammers using behavioral footprints [C]. Chicago, Illinois, USA: Acm Sigkdd International Conference on Knowledge Discovery &. Data Mining. 2013: 632-640.

[20] LI H,CHEN Z,MUKHERJEE A,et al. Analyzing and detecting opinion spam on a large-scale dataset via temporal and spatial patterns [C]. Oxford, UK: Proceedings of the International AAAI Conference on Web and Social Media, 2015: 634-637.

[21] WANG G,XIE S,LIU B,et al. Review graph based online store review spammer detection[C]. Uancover,Canada: 2011 IEEE 11th International Conference on Data Mining,2011: 1242-1247.

[22] WANG B,GONG N Z,FU H. Gang: Detecting fraudulent users in online social networks via guilt-by-association on directed graphs[C]. New Orleans,LA,USA: 2017 IEEE International Conference on Data Mining(ICDM),2017: 465-474.

[23] KAGHAZGARAN P,CAVERLEE J,SQUICCIARINI A. Combating crowdsourced review manipulators: A neighborhood-based approach[C]. Marina Del Rey,CA, USA: Proceedings of the Eleventh ACM International Conference on Web Search and Data Mining,2018: 306-314.

[24] JINDAL N,LIU B. Opinion spam and analysis[C]. Palo Alto,California,USA: Proceedings of the 2008 International Confer-ence on Web Search and Data Mining,2008: 219-230.

[25] FENG S,BANERJEE R,CHOI Y. Syntactic stylometry for deception detection [C]. Jeju Island, Korea: Proceedings of the 50th Annual Meeting of the Association for Computational Linguistics (Volume 2: Short Papers), 2012: 171-175.

[26] PINHEIRO R H,CAVALCANTI G D,CORREA R F,et al. A global-ranking local feature selection method for text categorization[J]. Expert Systems with Applications,2012,39(17): 12851-12857.

[27] ESSEGHIR M A, GONCALVES G, SLIMANI Y. Adaptive particle swarm optimizer for feature selection [C]. Paisley, UK: International Conference on Intelligent Data Engineering and Automated Learning,2010: 226-233.

[28] REN Y,ZHANG Y. Deceptive opinion spam detection using neural network[C]. Osaka,Japan: Proceedings of COLING 2016,the 26th International Conference on Computational Linguistics: Technical Papers,2016: 140-150.

[29] WANG X,LIU K,ZHAO J. Detecting deceptive review spam via attention-based neural net-works [C]. Dalian, China: National CCF Conference on Natural Language Processing and Chinese Computing,2017: 866-876.

[30] SOHRABI M K,KARIMI F. A feature selection approach to detect spam in the facebook social network[J]. Arabian Journal for Science and Engineering,2018, 43(2): 949-958.

[31] LIU Y,PANG B. A unified framework for detecting author spamicity by modeling review deviation[J]. Expert Systems with Applications,2018,112: 148-155.

[32] YOU L,PENG Q,XIONG Z,et al. Integrating aspect analysis and local outlier factor for intelligent review spam detection[J]. Future Generation Computer Systems,2019,102.

[33] BREUNIG M M,KRIEGEL H P,NG R T,et al. Lof: identifying density-based local outliers[C]. Dallas,Texas,USA: Pro-ceedings of the 2000 ACM SIGMOD International Conference on Management of Data,2000: 93-104.

[34] KANT R, SENGAMEDU S H, KUMAR K S. Comment spam detection by sequence mining[C]. Seattle,Washington,USA: Pro-ceedings of the fifth ACM International Conference on Web Search and Data Mining,2012: 183-192.

[35] XU Y,SHI B, TIAN W, et al. A unified model for unsupervised opinion spamming detection incorporating text generality[C]. Buenos Aires, Argentina: Twenty-fourth International Joint Conference on Artificial Intelligence. 2015.

[36] MANNING C D, SCHÜTZE H, RAGHAVAN P. Introduction to information

retrieval[M]. Cambridge: Cambridge University Press, 2008.

[37] RUMELHART D E, HINTON G E, WILLIAMS R J. Learning representations by back-propagating errors[J]. Nature, 1986, 323(6088): 533-536.

[38] MIKOLOV T, CHEN K, CORRADO G, et al. Efficient estimation of word representations in vector space[C]. Scottsdale, Arizona, USA: 1st International Conference on Learning Representations, 2013.

[39] CAVNAR W B, TRENKLE J M. N-gram-based text categorization [C]. Las Vegas, USA: In Proceedings of SDAIR-94, 3rd Annual Symposium on Document Analysis and Information Retrieval. 1994: 161-175.

[40] BLEI D M. Probabilistic topic models[J]. Communications of the ACM, 2012, 55(4): 77-84.

[41] GRIFFITHS T L, STEYVERS M. Finding scientific topics[J]. Proceedings of the National Academy of Sciences, 2004, 101(suppl 1): 5228-5235.

[42] DEERWESTER S, DUMAIS S T, FURNAS G W, et al. Indexing by latent semantic analysis[J]. Journal of the American Society for Information Science, 1990, 41(6): 391-407.

[43] AIROLDI E M, BLEI D M, EROSHEVA E A, et al. Introduction to mixed membership models and methods[J]. Handbook of Mixed Membership Models and Their Applications, 2014, 100: 3-14.

[44] AIROLDI E M, EROSHEVA E A, FIENBERG S E, et al. Reconceptualizing the classification of pnas articles [J]. Proceedings of the National Academy of Sciences, 2010, 107(49): 20899-20904.

[45] MANRIQUE-VALLIER D, REITER J P. Estimating identification disclosure risk using mixed member-ship models [J]. Journal of the American Statistical Association, 2012, 107(500): 1385-1394.

[46] HOFMANN T. Probabilistic latent semantic analysis[R]. Berkeley, California: Proceedings of the Fifteenth Conference on Uncertainty in Artificial Intelligence, 2013: 289-296.

[47] BLEI D M, NG A Y, JORDAN M I. Latent dirichlet allocation[J]. Journal of Machine Learning Research, 2003, 3(Jan): 993-1022.

[48] TITOV I, MCDONALD R. Modeling online reviews with multi-grain topic models[C]. Beijing, China: Proceedings of the 17th International Conference on World Wide Web, 2008: 111-120.

[49] BLEI D M, GRIFFITHS T L, JORDAN M I. The nested chinese restaurant process and bayesian non-parametric inference of topic hierarchies[J]. Journal of the ACM(JACM), 2010, 57(2): 1-30.

[50] JO Y, OH A H. Aspect and sentiment unification model for online review analysis[C]. Hong Kong, China: Pro-ceedings of the Fourth ACM International

Conference on Web Search and Data Mining,2011: 815-824.

[51] BAGHERI A,SARAEE M,DE JONG F. Adm-lda: An aspect detection model based on topic modelling using the structure of review sentences[J]. Journal of Information Science,2014,40(5): 621-636.

[52] KIM S M, HOVY E. Determining the sentiment of opinions [C]. Geneva, Switzerland: Proceedings COLING-04, the Conference on Computational Linguistics,2004: 1367-1373.

[53] CHOI Y,CARDIE C, RILOFF E, et al. Identifying sources of opinions with conditional random fields and extraction patterns [C]. Vancouver, British Columbia,Canada: Proceedings of Human Language Technology Conference and Conference on Empirical Methods in Natural Language Processing, 2005: 355-362.

[54] FANG F,DUTTA K,DATTA A. Domain adaptation for sentiment classification in light of multiple sources[J]. INFORMS Journal on Computing,2014,26(3): 586-598.

[55] LU Y,ZHAI C, SUNDARESAN N. Rated aspect summarization of short comments[C]. Madrid,Spain: Proceedings of the 18th International Conference on World Wide Web,2009: 131-140.

[56] BRODY S,ELHADAD N. An unsupervised aspect-sentiment model for online reviews[C]. Los Angeles, USA: Human Language Technologies: The 2010 Annual Conference of the North American Chapter of the Association for Computational Linguistics,2010: 804-812.

[57] LU B,OTT M, CARDIE C, et al. Multi-aspect sentiment analysis with topic models[C]. Vancouver, Canada: 2011 IEEE 11th International Conference on Data Mining Workshops,2011: 81-88.

[58] TITOV I,MCDONALD R. A joint model of text and aspect ratings for sentiment summarization[C]. Columbus,Ohio,USA: Proceedings of ACL-08: HLT,2008: 308-316.

[59] MEI Q,LING X,WONDRA M,et al. Topic sentiment mixture: modeling facets and opinions in weblogs[C]. Banff, Alberta, Canada: Proceedings of the 16th International Conference on World Wide Web,2007: 171-180.

[60] LIN C,HE Y. Joint sentiment/topic model for sentiment analysis[C]. Hong Kong, China: Proceedings of the 18th ACM conference on Information and Knowledge Management,2009: 375-384.

[61] LIN C,HE Y, EVERSON R, et al. Weakly supervised joint sentiment-topic detection from text[J]. IEEE Transactions on Knowledge and Data Engineering, 2011,24(6): 1134-1145.

[62] MOGHADDAM S,ESTER M. Ilda: interdependent lda model for learning latent

aspects and their ratings from online product reviews [C]. Beijing, China: Proceedings of the 34th International ACM SIGIR Conference on Research and Development in Information Retrieval,2011: 665-674.

[63] LI C,ZHANG J,SUN J T,et al. Sentiment topic model with decomposed prior [C]. Austin,Texas,USA: Proceedings of the 2013 SIAM International Conference on Data Mining,2013: 767-775. DOI: 10.1137/1.9781611972832.85.

[64] DERMOUCHE M,KOUAS L,VELCIN J,et al. A joint model for topic-sentiment modeling from text[C]. Salamanca,Spain: Proceedings of the 30th Annual ACM Symposium on Applied Computing, 2015: 819-824. DOI: 10.1145/2695664. 2695726.

[65] WANG H,LU Y,ZHAI C. Latent aspect rating analysis on review text data: a rating regression approach[C]. Washington,D. C,USA: Proceedings of the 16th ACM SIGKDD International Conference on Knowledge Discovery and Data Mining,2010: 783-792.

[66] WANG H,LU Y,ZHAI C. Latent aspect rating analysis without aspect keyword supervision[C]. San Diego, California, USA: Proceedings of the 17th ACM SIGKDD International Conference on Knowledge Discovery and Data Mining, 2011: 618-626.

[67] MCAULEY J,LESKOVEC J,JURAFSKY D. Learning attitudes and attributes from multi-aspect reviews[C]. Brussels,Belgium: 2012 IEEE 12th International Conference on Data Mining,2012: 1020-1025.

[68] SNYDER B, BARZILAY R. Multiple aspect ranking using the good grief algorithm[C]. New York, USA: Human Lan-guage Technologies 2007: The Conference of the North American Chapter of the Association for Computational Linguistics: Proceedings of the Main Conference,2007: 300-307.

[69] LI H,LIN R,HONG R,et al. Generative models for mining latent aspects and their ratings from short reviews [C]. Atlantic City, NJ, USA: 2015 IEEE International Conference on Data Mining,2015: 241-250.

[70] MNIH A, SALAKHUTDINOV R R. Probabilistic matrix factorization [C]. Vancouver, British Columbia, Canada: Advances in Neural Infor-mation Processing Systems,2008: 1257-1264.

[71] KOREN Y, BELL R, VOLINSKY C. Matrix factorization techniques for recommender systems[J]. Computer,2009,42(8): 30-37.

[72] WANG C,BLEI D M. Collaborative topic modeling for recommending scientific articles[C]. San Diego, USA: Proceedings of the 17th ACM SIGKDD International Conference on Knowledge Discovery and Data Mining,2011: 448-456.

[73] MCAULEY J,LESKOVEC J. Hidden factors and hidden topics: understanding rating dimensions with review text[C]. Hong Kong,China: Proceedings of the

7th ACM Conference on Recommender Systems,2013：165-172.

[74] LING G,LYU M R,KING I. Ratings meet reviews,a combined approach to recommend[C]. Foster City,Silicon Valley,USA：Proceedings of the 8th ACM Conference on Recommender Systems,2014：105-112.

[75] XIAO D,JI Y,LI Y,et al. Coupled matrix factorization and topic modeling for aspect mining[J]. Information Processing & Management,2018,54(6)：861-873.

[76] HE Y,LIN C,GAO W,et al. Dynamic joint sentiment-topic model[J]. ACM Transactions on Intelligent Systems and Technology(TIST),2014,5(1)：1-21.

[77] LIU P,GULLA J A,ZHANG L. A joint model for analyzing topic and sentiment dynamics from large-scale online news[J]. World Wide Web,2018,21(4)：1117-1139.

[78] DERMOUCHE M,VELCIN J,KHOUAS L,et al. A joint model for topic-sentiment evolution over time[C]. Shenzhen,China：2014 IEEE International Conference on Data Mining,2014：773-778.

[79] BLEI D M, LAFFERTY J D. Dynamic topic models [C]. Pittsburgh, Pennsylvania,USA：Proceedings of the 23rd International Conference on Machine Learning,2006：113-120.

[80] WEI X,SUN J,WANG X. Dynamic mixture models for multiple time-series[C]. Hyderabad,India：Proceedings of the 20th International Joint Conference on Artificial Intelligence,2007：2909-2914.

[81] IWATA T,WATANABE S,YAMADA T,et al. Topic tracking model for analyzing consumer purchase behavior[C]. Pasadena,California,USA：Twenty-First International Joint Conference on Artificial Intelligence,2009：1427-1432.

[82] IWATA T,YAMADA T,SAKURAI Y,et al. Online multiscale dynamic topic models[C]. Washington,DC,USA：Proceedings of the 16th ACM SIGKDD International Conference on Knowledge Discovery and Data Mining, 2010：663-672.

[83] WANG C,BLEI D,HECKERMAN D. Continuous time dynamic topic models [J]. arXiv preprint arXiv：1206. 3298,2012.

[84] WANG X,MCCALLUM A. Topics over time：a non-markov continuous-time model of topical trends[C]. Philadelphia,PA,USA：Proceedings of the 12th ACM SIGKDD International Conference on Knowledge Discovery and Data Mining,2006：424-433.

[85] WOODALL W H. Controversies and contradictions in statistical process control [J]. Journal of Quality Technology,2000,32(4)：341-350.

[86] SHEWHART W A. The application of statistics as an aid in maintaining quality of a manufactured product[J]. Journal of the American Statistical Association, 1925,20(152)：546-548.

[87] PAGE E S. Continuous inspection schemes [J]. Biometrika, 1954, 41 (1/2): 100-115.

[88] ROBERTS S. Control chart tests based on geometric moving averages [J]. Technometrics, 2000, 42(1): 97-101.

[89] HOTTELING H. Multivariate quality control, illustrated by the air testing of sample bombsights[J]. Techniques of Statistical Analysis, 1947: 111-184.

[90] TOPALIDOU E, PSARAKIS S. Review of multinomial and multiattribute quality control charts [J]. Quality and Reliability Engineering International, 2009, 25 (7): 773-804.

[91] SKINNER K R, MONTGOMERY D C, RUNGER G C. Process monitoring for multiple count data using generalized linear model-based control charts [J]. International Journal of Production Research, 2003, 41(6): 1167-1180.

[92] AMIRI A, ZOU C, DOROUDYAN M H. Monitoring correlated profile and multivariate quality char-acteristics [J]. Quality and Reliability Engineering International, 2014, 30(1): 133-142.

[93] CROSIER R B. Multivariate generalizations of cumulative sum quality-control schemes[J]. Tech-nometrics, 1988, 30(3): 291-303.

[94] LOWRY C A, WOODALL W H, CHAMP C W, et al. A multivariate exponentially weighted moving average control chart[J]. Technometrics, 1992, 34 (1): 46-53.

[95] WOODALL W H, MONTGOMERY D C. Some current directions in the theory and application of statistical process monitoring [J]. Journal of Quality Technology, 2014, 46(1): 78-94.

[96] LO S. Web service quality control based on text mining using support vector machine[J]. Expert Systems with Applications, 2008, 34(1): 603-610.

[97] JURADO F, RODRIGUEZ P. Sentiment analysis in monitoring software development processes: An exploratory case study on github's project issues[J]. Journal of Systems and Software, 2015, 104: 82-89.

[98] ZAVALA A, RAMIREZ-MARQUEZ J E. Visual analytics for identifying product disruptions and effects via social media[J]. International Journal of Production Economics, 2019, 208: 544-559.

[99] ASHTON T, EVANGELOPOULOS N, PRYBUTOK V. Extending monitoring methods to textual data: a research agenda[J]. Quality & Quantity, 2014, 48(4): 2277-2294.

[100] ASHTON T, EVANGELOPOULOS N, PRYBUTOK V R. Quantitative quality control from qualitative data: control charts with latent semantic analysis[J]. Quality & Quantity, 2015, 49(3): 1081-1099.

[101] CHIEN J, WU M. Adaptive bayesian latent semantic analysis [J/OL]. IEEE

Transactions on Audio, Speech, and Language Processing, 2008, 16 (1): 198-207. DOI: 10. 1109/TASL. 2007. 909452.

[102] HOFFMAN M D, BLEI D M, WANG C, et al. Stochastic variational inference [J]. The Journal of Machine Learning Research, 2013, 14(1): 1303-1347.

[103] SRIVASTAVA A, SUTTON C. Autoencoding variational inference for topic models[J]. arXiv no. 1703. 01488, 2017.

[104] KIM Y. Convolutional neural networks for sentence classification [C]. Doha, Qatar: Proceedings of the 2014 Conference on Empirical Methods in Natural Language Processing(EMNLP), 2014: 1746-1751.

[105] ZHANG Y, WALLACE B. A sensitivity analysis of(and practitioners' guide to) convolutional neural networks for sentence classification [J]. arXiv preprint arXiv: 1510. 03820, 2015.

[106] MIKOLOV T, GRAVE E, BOJANOWSKI P, et al. Advances in pre-training distributed word represen-tations[J]. arXiv preprint arXiv: 1712. 09405, 2017.

[107] PENNINGTON J, SOCHER R, MANNING C D. Glove: Global vectors for word representation[C]. Doha, Qatar: Proceedings of the 2014 conference on Empirical Methods in Natural Language Processing (EMNLP), 2014: 1532-1543.

[108] HAHNLOSER R H, SARPESHKAR R, MAHOWALD M A, et al. Digital selection and analogue amplifica-tion coexist in a cortex-inspired silicon circuit [J]. Nature, 2000, 405(6789): 947-951.

[109] COLLOBERT R, WESTON J, BOTTOU L, et al. Natural language processing (almost) from scratch [J]. Journal of Machine Learning Research, 2011, 12 (ARTICLE): 2493-2537.

[110] KINGMA D P, BA J. Adam: A method for stochastic optimization[J]. arXiv preprint arXiv: 1412. 6980, 2014.

[111] KIM S B, HAN K S, RIM H C, et al. Some effective techniques for naive bayes text classifica-tion[J]. IEEE Transactions on Knowledge and Data Engineering, 2006, 18(11): 1457-1466.

[112] LIN J. Divergence measures based on the shannon entropy [J]. IEEE Transactions on Information Theory, 1991, 37(1): 145-151.

[113] CHA S H. Comprehensive survey on distance/similarity measures between probability density functions[J]. City, 2007, 1(2): 1.

[114] KULLBACK S. Information theory and statistics[M]. Courier Corporation, 1997.

[115] MARCUCCI M. Monitoring multinomial processes [J]. Journal of Quality Technology, 1985, 17(2): 86-91.

[116] BEN-GAL I, MORAG G, SHMILOVICI A. Context-based statistical process control: A monitoring procedure for state-dependent processes[J]. Technometrics,

2003,45(4): 293-311.

[117] MCAULEY J, TARGETT C, SHI Q, et al. Image-based recommendations on styles and substitutes[C]. Santiago, Chile: Proceedings of the 38th International ACM SIGIR Conference on Research and Development in Information Retrieval, 2015: 43-52.

[118] WALLACH H M, MURRAY I, SALAKHUTDINOV R, et al. Evaluation methods for topic models[C]. Montreal, Quebec, Canada: Proceedings of the 26th Annual International Conference on Machine Learning, 2009: 1105-1112.

[119] MUKHERJEE A, MCCRACKEN A, CHAKRABORTI S. Control charts for simultaneous monitoring of parameters of a shifted exponential distribution[J]. Journal of Quality Technology, 2015,47(2): 176-192.

在学期间完成的相关学术成果

[1] LIANG Q, WANG K. Monitoring of user-generated reviews via a sequential reverse joint sentiment-topic model［J］. Quality and Reliability Engineering International, 2019, 35(4): 1180-1199.

[2] LIANG Q, WANG K. Distributed outlier detection in hierarchically structured datasets with mixed attributes［J］. Quality Technology & Quantitative Management, 2020, 17(3): 337-353.

[3] LIANG Q, WANG K. Ratings meet reviews in the monitoring of online products and services［J］. Journal of Quality Technology, 2022, 54(2): 197-214.

附录　控制界的确定

本书在控制图的实际应用过程中，采用仿真的方式确定控制图的控制界，一般选定受控状态下的一类错误 α 及对应的受控状态下系统运行的平均链长 $ARL_0 = 1/\alpha$，采用二分查找的方式确定控制图的控制界，以 4.3.2 节中 SRJST 控制图的控制界 L 为例，具体搜索过程如下：

(1) 设置控制界的搜索范围 (L_{min}, L_{max})，并初始化控制界 $L = (L_{min} + L_{max})/2$；

(2) 生成一系列受控状态下的评论文档，如在仿真实验中，根据受控状态下的参数及文档的概率生成过程，人为生成受控状态下的评论文档集合，而在真实案例分析中，通过对受控状态下的历史评论文档进行有放回的自助法采样，得到受控状态下的评论文档集合；

(3) 对(2)中生成的受控状态评论文档序列进行参数估计，以及检验统计量 Q_i 的计算，一旦 $Q_i > L$，则中断监测，并记录下当前的运行链长 RL；

(4) 重复(2)和(3)中的步骤 10 000 次，得到 10 000 个运行链长 RL，计算其平均值 ARL；

(5) 将当前控制界设置下得到的 ARL 与目标 ARL_0 进行对比，如果 $ARL > ARL_0$，则更新搜索范围 $L_{max} = L$，$L = (L_{min} + L_{max})/2$，相反，如果 $ARL < ARL_0$，则更新搜索范围 $L_{min} = L$，$L = (L_{min} + L_{max})/2$，然后重复步骤(2)~(4)。如果 $ARL \approx ARL_0$，则终止搜索，采用当前的控制界。

致　　谢

衷心感谢我的导师王凯波教授。从本科毕业设计开始,我在王凯波老师的指导下走过了为期六年的科研之路,高山仰止,景行行止,王老师崇高的品行、严谨的治学态度、设身处地为学生着想的为师之道,使我铭感于心,终身不忘。

感谢我的博士研究生培养委员会,特别是李彦夫老师和张晨老师,在论文的开题、中期进展到最终完成的过程中为我提出了许多宝贵意见。

感谢所有参与对这篇论文进行评审和答辩的各位老师,这篇论文在他们的指导和帮助下得到改进。

感谢美国弗吉尼亚理工大学统计系 Xinwei Deng 和 Shyam Ranganathan 两位教授在我访学期间对我的悉心指导和关心帮助,两位教授深厚的学术积累和对学术的热忱之心令我敬佩。

感谢我的母校清华大学,在这里,我度过了从 18 岁到 27 岁、占据目前我的生命中 1/3 的时光,特别感谢清华大学工业工程系的各位老师在我从本科入学到博士研究生毕业这九年的求学时光中给予我的指导、帮助、关怀,我爱工业工程系。

感谢我的同学们,所有的师兄师姐师弟师妹们,特别感谢经常一起约饭的小姐妹雷心和李宛珊,这条路上有你们作伴很开心,希望大家未来一切顺利。

最后,感谢我的父母,感谢你们在我人生每一个时刻毫无保留的支持和爱,欲报之德,昊天罔极,我为成为你们的女儿感到无比幸运和开心。